AF308762

LIVRE D'OR
DE L'EXPOSITION
PEZENAS · 1925 ·

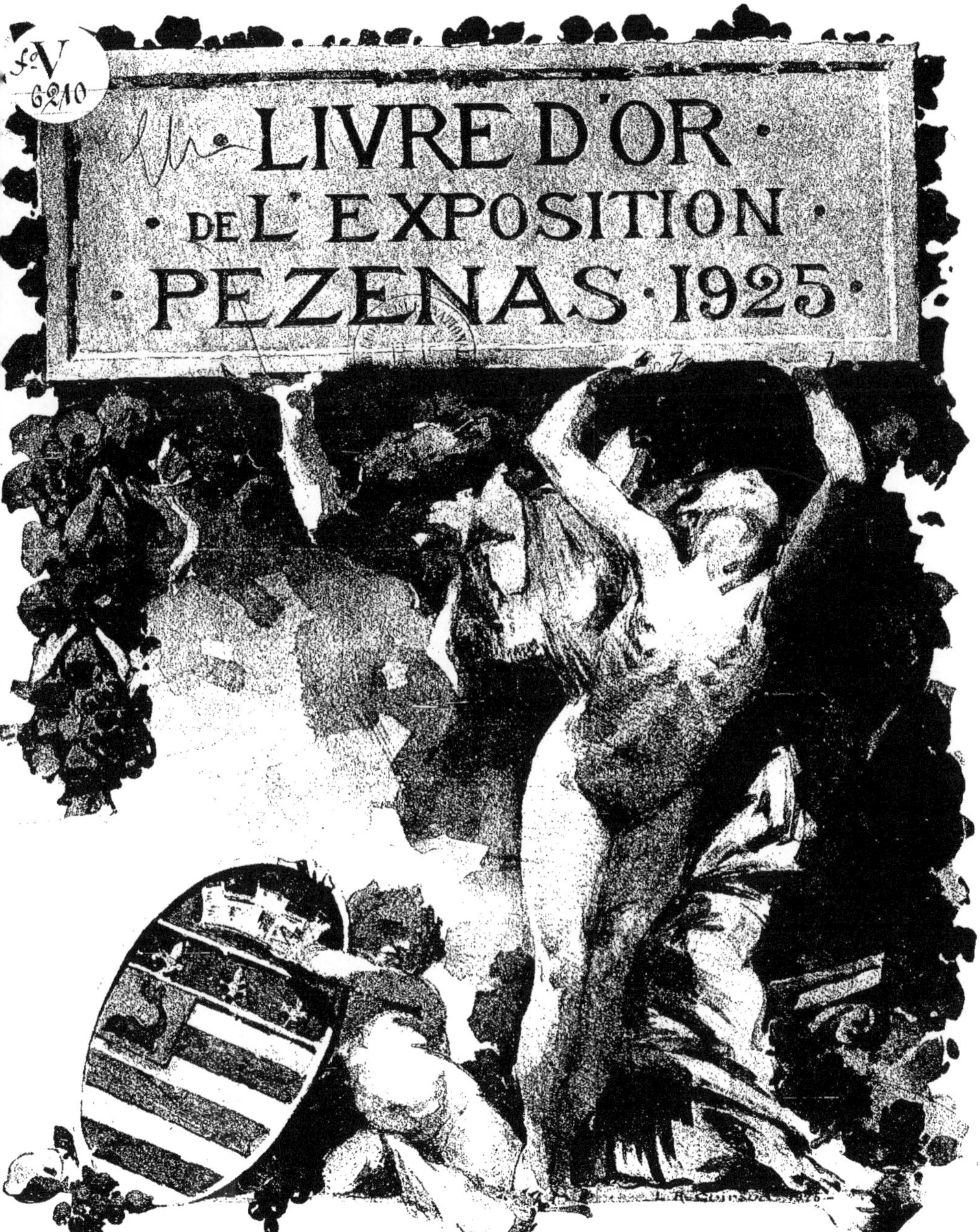

LIVRE D'OR

de

L'EXPOSITION DE PEZENAS

21 Mai - 1er Juin 1925

HOMMAGES

décernés à

L'Ingénieur BERNARD VIGAN

31 Mai 1925

et au

Chimiste GABRIEL-FRANÇOIS VENEL

1er Juin 1925

Illustrations par

L.-R. GUIRAUD, Emile BEAUME, G. MAURY

Léo DAVID, INJALBERT

Vues de l'Exposition et de Pézenas

EXPOSITION REGIONALE

VITICOLE, AGRICOLE, COMMERCIALE ET INDUSTRIELLE

de PÉZENAS

21 Mai — 1er Juin 1925

Organisée par l'Office Agricole du Département de l'Hérault
et la Ville de Pézenas

A l'occasion de la Distribution des Prix aux Lauréats du Concours de la Prime d'Honneur

sous le haut patronage de

Monsieur le Ministre de l'Agriculture.

honorée des subventions du

Conseil général de l'Hérault.
Ville de Pézenas.
Office agricole Départemental de l'Hérault.
Office Régional agricole du Midi.
La Fédération Méridionale du Commerce des Vins.
La Confédération Générale des Vignerons (Section de Pézenas).

avec la collaboration de

La Société d'Horticulture et d'Histoire Naturelle de l'Hérault.
La Direction des Services agricoles de l'Hérault.
Le Comité d'Initiative "Les Amis de Pézenas".

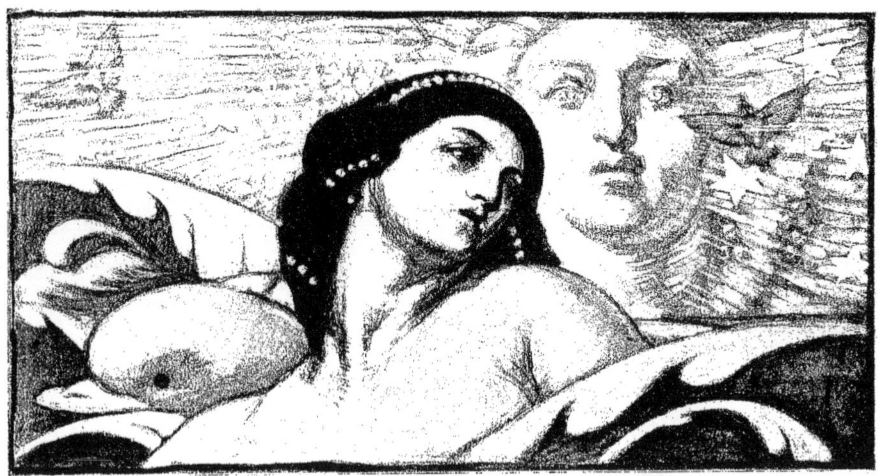

Emile BEAUME. — Le Soleil du Languedoc et la Mer latine

EXPOSITION DE PEZENAS

COMITE D'HONNEUR

MM. le Ministre de l'Agriculture.
le Préfet de l'Hérault.
le Sous-Préfet de Béziers.
le Général Commandant le XVIe Corps d'Armée.
le Premier Président de la Cour d'Appel.
le Procureur Général.
les Sénateurs de l'Hérault.
les Députés de l'Hérault.
le Président du Conseil Général.
les Membres du Conseil Général.
le Conseiller Général du canton de Pézenas.
le Maire de Pézenas.
les Adjoints, les Conseillers Municipaux de Pézenas.
le Président du Tribunal de Commerce.
les Membres du Tribunal de Commerce.
les Présidents des Chambres de Commerce de la Xe Région Economique.
les Membres de l'Office Agricole Régional du Midi.
les Membres de l'Office Agricole Départemental de l'Hérault.
les anciens Présidents du Tribunal de Commerce de Pézenas.
les anciens Maires et Adjoints de Pézenas.

CONSEIL D'ADMINISTRATION

MEMBRES DU BUREAU

Président

M. CHAPEL (Philémon). Maire de Pézenas.

Vice-Présidents

MM. MAUREL (Edouard). Président du Comité local de
la C. G. V.;

LAVIGUERIE (Ernest). Vice-Président du *Syndicat
du Commerce des Vins en Gros de Pézenas et de
la Région;*

MAFFRE (Louis). Administrateur de la *Coopérative
de Distillation.*

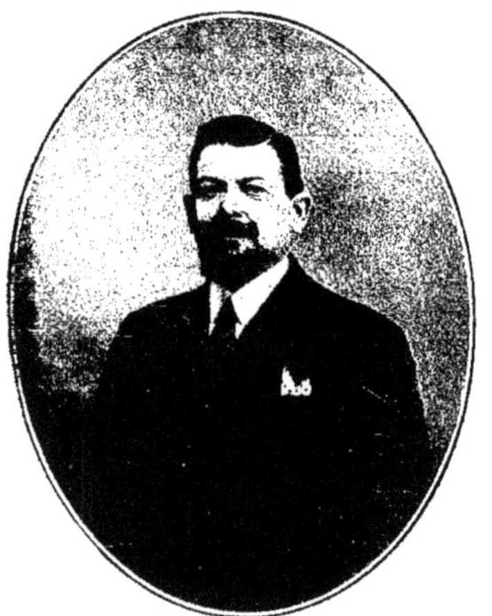

M. Ph. CHAPEL.
Maire de Pézenas, Président du Comité

Secrétaire Général

M. ALLIÉS (A.-P.). Ancien Conseiller Général. Président
du Comité d'Initiative *Les Amis de Pézenas.*

Secrétaires Généraux Adjoints

MM. BÈNE (Jean-Louis), Avocat;
PÉTESQUE (Maurice), Secrétaire général des *Amis
de Pézenas.*

Trésorier Général

M. HUC (Louis). Président du Tribunal de Commerce.

Trésorier Adjoint

M. BOULARAND (Jean). Représentant de Commerce.

COMMISSARIAT

Commissaire Général

M. PASQUET. Directeur des Services Agricoles de
l'Hérault.

Commissaires Généraux Adjoints

MM. CAYROL. Licencié en Droit. Propriétaire, Secrétaire
de la *Société d'Encouragement à l'Agriculture de
l'Hérault.*

GAUDION (Joseph). Président de la *Coopérative de
Distillation;*

JOURLIAC (Joseph), Comptable.

MEMBRES DU COMITÉ

MM. les Adjoints et les Membres du Conseil Municipal
de Pézenas.

AMBLARD. Représentant de Commerce.

ARGON (Eug.). Propriétaire.

AUBESQUIER (Pierre). Président de la Société
l'Humanité Militaire.

BABOT (François). Négociant en Epicerie.

BALMELLE (Edmond). Marchand de Nouveautés.

BALSTÈRE (Gabriel). Administrateur des Hospices
de Pézenas.

BARTHE. Président de la Société *La Boule Joyeuse.*

BARTHÈS. Correspondant du journal *l'Eclair.*

BASCOU (Emile), Industriel.

BEAUMELOU (Docteur Jean).

BEC (Joseph). Chapelier.

BEC-VIADER. Négociant en Chaussures.

BÈNE (Louis). Administrateur de la Caisse d'Epargne.

BERGNES (Alfred). Négociant en vins, juge au Tribunal de Commerce.

BLANC (Docteur Jean).

BOUCHARD D'ESQUIEU. Président de la Section de la
Croix-Rouge Française.

BOUDET (Guillaume), Président de la *Corporation
des Jardiniers.*

BOUDET. Professeur de Dessin au Collège.

BOUIS (Gustave). Serrurier-Métallurgiste.

BOULARAND (Benjamin). Négociant en Grains.

BOUSSIÈRE (Louis). Président de *La Fraternelle des
Employés de Commerce.*

BOYER, Juge de Paix.

CABROL. Chef de Gare à la Compagnie d'Intérêt
Local.

CARRIÈRE (Jean). Membre du Conseil d'Administration du Bureau de Bienfaisance.

CARRIÈRE (Docteur Paul).

CASSAN (Elie). Président de la *Corporation des
Bouchers.*

CÈBE. ingénieur.

CHAPEL. (Philémon). Président du *Syndicat des
Négociants en Vins.*

*Conseil (le) d'Administration de la Bourse du
Travail.*

MM. *Contrôleur (le) des Contributions Directes.*
COULAZOU, Licencié en Droit.
COULON (François). Président de l'*Union des Mutilés et Blessés de Guerre.*
COURTÈS-PONS, Mercier.
DÉJEAN (Pierre), correspondant du journal *Le Petit Méridional.*
DÉJEAN (Pierre). Président de l'*Union des Démobilisés.*
DELMAS. Directeur de l'Ecole Laïque de Garçons.
DELMAS fils. Propriétaire.
Directeur (le) de la Banque Privée.
Directeur (le) du Crédit Lyonnais.

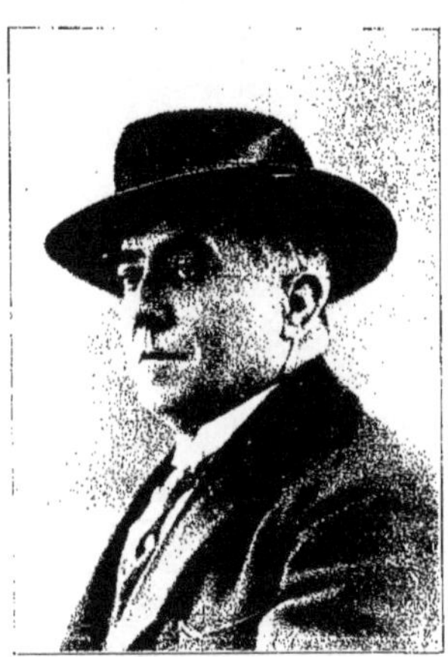
M. A.-P. ALLIÈS.
Secrétaire général du Comité
Président des « Amis de Pézenas »

Directeur (le) des Magasins « Ouliers-Dors et Perelli ».
Directeur (le) de la Société Générale.
Directeur (le) de la Société Marseillaise.
DURAND (Laurent). Président de la *Corporation des Maçons.*
ESCLAFIT. Directeur de la Société *La Fanfare Piscénoise.*
ESCOURBIAC. Avocat.
FOUISSAC (Etienne). Receveur Municipal.
FRANC (Albert). Agréé.
GARENC (Joseph). Président de l'*Union des Prisonniers de Guerre.*
GASC (Joseph). Pépiniériste.
GASCARD. Photographe.
GAUBERT (Georges). Directeur de la Société musicale *La Concorde.*
GAUZIT. Principal du Collège des Garçons.

MM. GONDANGE (Joseph). Président de la *Corporation Sainte-Anne.*
GONDARD (O.). Avocat.
GOUROU et BARTHÈS. Directeurs des *Variétés.*
GRAVIÉ père. Administrateur du Bureau de Bienfaisance.
GUIRAUD, artiste peintre.
HORTALA (Jean). Président du *Grand Cercle.*
HUGUES (Jean). Président de la Société *Pézenas-Fanfare.*
INZARLAN (Philippe). Président de la *Société du Tarn et de l'Aveyron.*

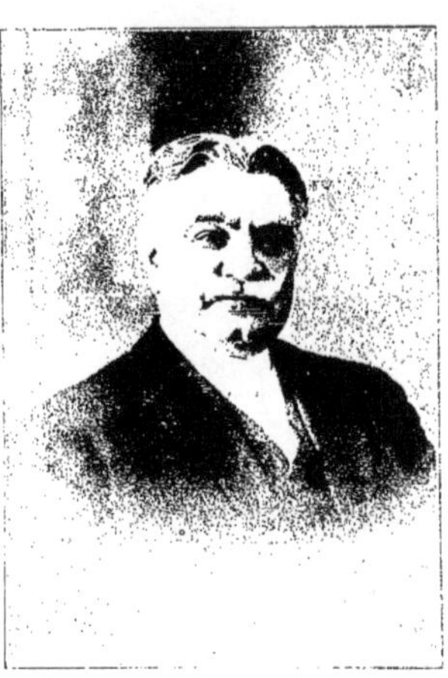
M. Louis HUC.
Trésorier général du Comité
Président du Tribunal de Commerce

JALABERT (François). Propriétaire.
JEANBON (Ernest). Architecte.
JEANBON (Raoul). Président de la Société *La Fanfare Piscénoise.*
JOURLIAC (François). Secrétaire du Syndicat des Employés de Commerce.
JOUVE (Louis). Président de la *Corporation des Boulangers et Pâtissiers.*
LACROUX (Gabriel). Président de l'*Association du Commerce et de l'Industrie.* Membre de la Chambre de Commerce de Béziers.
LAGET (Alexandre). Président de la Société musicale *La Concorde.*
LAFOI. Négociant. Secrétaire adjoint des *Amis de Pézenas.*
LAGET (Noël). Cultivateur.
LAUTIER (François). Président de la *Corporation Saint-Eloi.*

MM. LAVABRE (Jacques), Directeur de la Chorale l'Avenir.

LAVABRE (Jacques), correspondant du Journal *La Dépêche*.

LAVERGNE, Président du Syndicat des Limonadiers de l'Hérault.

LECAT (Alexandre), Propriétaire, Château de Roque-lune.

MARTIN (Louis), Greffier de la Justice de Paix.

MARTIN-GENIÈS, Administrateur des Hospices.

MARTY, Fondé de Pouvoirs de la Banque Roques.

MM. Président (le) du Groupe Artistique Piscénois.

Président (le) du Syndicat des Charretiers.

Président (le) du Syndicat des Travailleurs de Terre.

Président (le) de l'Union Sportive.

PUJOL (J.-B.), Négociant en Produits Agricoles.

RAVAILHE (Justin), Président de la Corporation Saint-Crépin.

Receveur (le) des Contributions Indirectes.

Receveur (le) des Postes et Télégraphes.

Receveur (le) de l'Enregistrement, Timbres et Domaines.

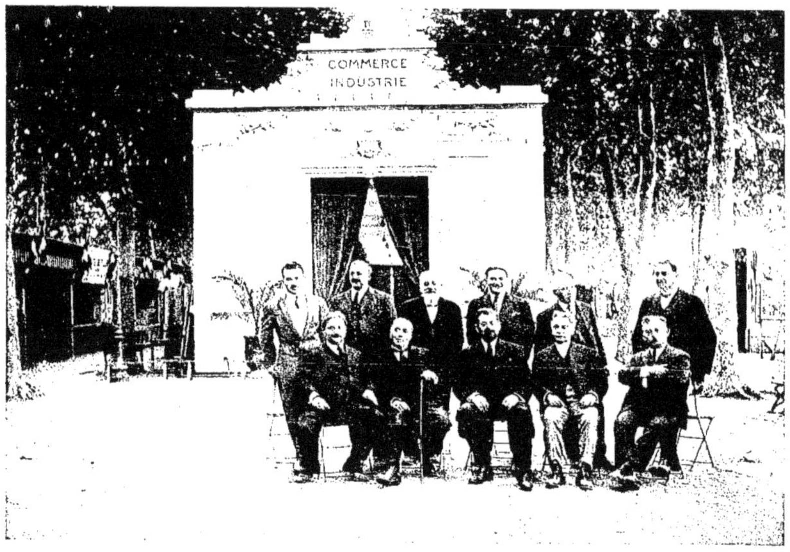

Le Comité directeur de l'Exposition

De gauche à droite, assis, M. GAUDION, commissaire général adjoint; M. A.-P. ALLIÈS, secrétaire général;
M. CHAPEL, Maire-Président; M. HUC, trésorier général; M. PASQUET, commissaire général.

MAURAN (E.), Peintre-décorateur.

MAURAN (Louis), Président de la *Corporation des Plâtriers*.

MIDOR-LÉRY, Marbrier.

MORÈRE, Chef de Gare à la Compagnie du Midi.

PASQUER, Président de la Société bouliste *L'Avenir*.

PAULET (Docteur).

Percepteur (le) de Pézenas.

PIOCH (Louis), Directeur de l'*Echo de l'Hérault*.

PISTRE (Gaston), Administrateur des Hospices.

POUZAIRE (Isidore), Propriétaire.

PONS, Président du Syndicat des Cheminots.

PRATX, Secrétaire en Chef de la Mairie.

ROLLAND (Emile), Président du Conseil d'Administration de la Caisse d'Epargne.

ROQUES (Edmond), Vétérinaire.

ROQUES, Banquier.

ROUX (Prosper), Président de la *Société des Anciens Militaires*.

SÉGONZAC (Barthélemy), cultivateur.

SÉRILHAC (François), Greffier du Tribunal de Commerce.

STENTA, Directeur du *Trianon-Cinéma*.

SOULAGNES (Docteur Henri).

TARBOURIECH (Eugène), ancien Président du Tribunal de Commerce.

MM. TARBOURIECH (Henri). Président du Comité du *Tambourin*.
TARBOURIECH (Julien). Ingénieur.
TIEURE (Emile). Administrateur de la *Coopérative de Distillation*.
TRIADOU (A.), Directeur piscénois du *Devoir Socialiste*.
TRIGIT (Louis). Trésorier du *Stade Piscénois*.
TRINQUAT. Président de la *Coopérative Piscénoise*.
TRUEL. *Photographe*.
VILLARET (Jean). Secrétaire du Syndicat des Courtiers en Vins.

ARCHITECTE DE L'EXPOSITION

M. CASSAN. architecte à Montpellier.

Pavillons et bâtiments exécutés par M. HILDEVERT. bois et charpentes. 8. rue Marceau, à Montpellier.

Décorations extérieures des pavillons exécutées par M. COSTE (J.), sculpteur décorateur. 21, boulevard Louis-Blanc. à Montpellier.

Annonces et publicité: MM. HUGUES (J.), chef de la publicité de la *Vie Montpelliéraine et Régionale*. 45, rue des Carmes. à Montpellier.

ROBERT (Joseph). agent général de l'*Annuaire de l'Hérault et des Vignobles du Midi*. 9. rue du Cannau. à Montpellier.

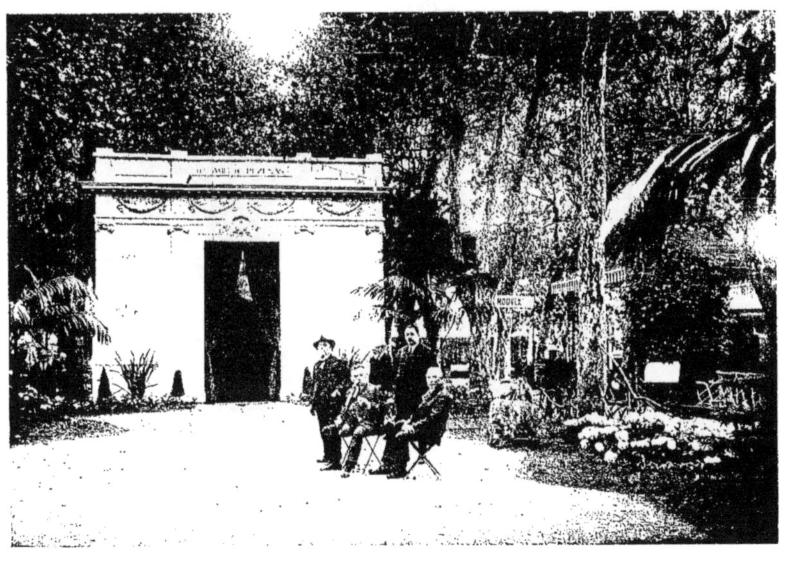

Palais des « Amis de Pézenas »

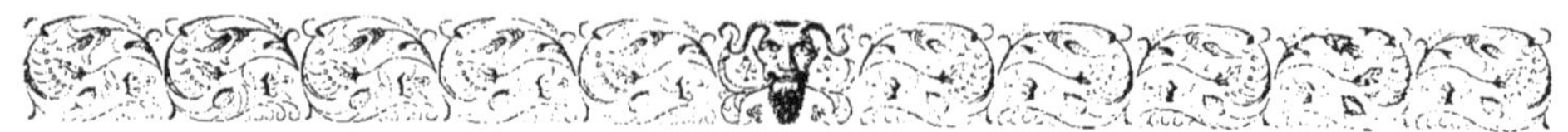

PÉZENAS

PÉZENAS!

Pourquoi ce nom, si souvent écrit, exerce-t-il, bien au loin des frontières du Midi, une attraction, est-il auréolé tières; mais, surtout, à ses beaux souvenirs historiques, à son blason littéraire, sur lequel le grand nom de Molière a déposé une gloire immortelle.

Son climat, plus doux, plus tempéré que celui de ses puis-

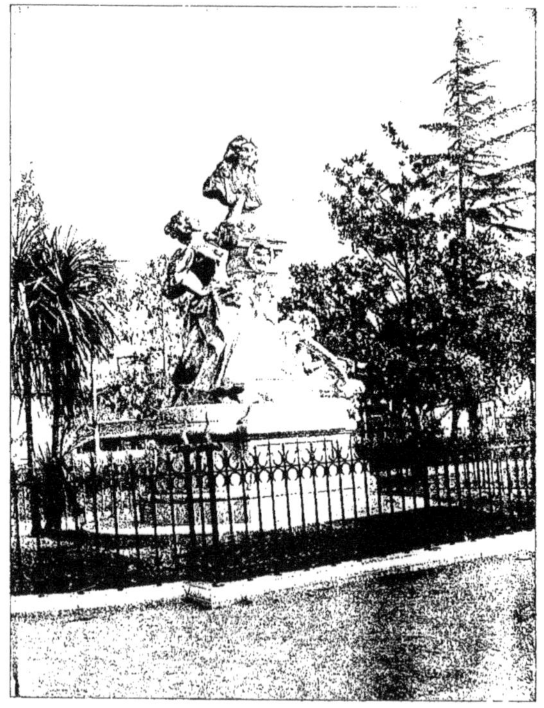

Le Monument de Molière
groupe marbre, par INJALBERT

d'un prestige que lui envient des cités beaucoup plus importantes?

Pézenas le doit certainement à sa situation géographique, « dans la plus belle plaine du monde », comme l'écrivait le *Mercure Galant* de 1702, au nœud des grandes voies routières: Montpellier, Cette et Béziers, était déjà réputé lorsque, ville latine, César, qui avait son camp à Saint-Thibéry (*Cessero*), envoyait ses malades se remettre à Pézenas (*Castrum Pedenacum*).

Au confluent de deux rivières: l'Hérault et la Peyne,

dominée par la butte du Château. qui commandait toutes ses voies d'accès. on peut, en gravissant ses pentes. en foulant l'emplacement sur lequel s'érigeait l'antique forteresse, rasée sur l'ordre de Richelieu. après la révolte de Montmorency. promener ses regards sur ses vallées fertiles, ses campagnes riantes.

Là-bas, à mille pas. l'Hérault déroule son écharpe sinueuse au pied des collines. autrefois boisées, piquées de maisons de plaisance. donnant à la ville toute proche. avec ses édifices. ses magnifiques hôtels de pierre taillée. quelque air d'une petite Florence.

La Peyne descend dans une vallée gracieuse. entre des coteaux verdoyants, des parcs. des bois, qui faisaient jadis les délices des hôtes princiers de la ville. s'y attardant à chasser gibier de plume et de poil.

Les eaux de cette rivière, au dire de Pline le Jeune. avaient la propriété de lustrer les laines des draps fabriqués alors à Pézenas. « Les draps faits avec ces laines étaient si beaux et d'une si grande bonté, qu'on teignait de rechef un habit usé. et qu'il faisait encore une longue durée. » (Pline le Jeune: *Histoire Naturelle*, livre VII.)

A cette époque lointaine. on notait déjà la prospérité commerciale et industrielle de Pézenas qui. sauf pendant la nuit du Moyen-Age. se développe et s'affirme au cours des siècles jusqu'à ces derniers cinquante ans.

Pézenas, à ses origines de ville latine de la Gaule Narbonnaise. s'élevait sur la rive gauche de la Peyne. au-delà de la Promenade du Pré. où vont se tenir les grandes assises de l'Exposition.

Les inondations. les incursions des routiers amenèrent les habitants à se transporter auprès du Château et à demander sa protection au maître féodal.

La ville subit le sort de la Province. soumise successivement aux Wisigoths. aux Sarrazins et aux Francs. Elle passa sous la domination des Comtes de Toulouse et ensuite. des Vicomtes de Béziers et d'Agde.

En 1362. le roi Jean érigea le Château et la châtellenie de Pézenas en Comté. en faveur de Charles d'Artois. Confisqué. en 1368, le comté fut réuni définitivement à la couronne en 1377. Il était composé de Pézenas. le chef-lieu, et de quatorze petites villes et villages des environs: Montagnac. Caux. Roujan. Alignan. Tourbes. Valros. Conas. Montblanc. Puissalicon. Lézignan. Cazouls. Usclas et Nizas.

Après des fortunes diverses. mêlée aux guerres anglaises. attachée à Charles VII. qui lui donne ses Armoiries pour la récompenser de sa fidélité et de n'avoir pas désespéré du sort de la France (1419). entraînée dans les guerres de religion. dont plusieurs combats se livrent à ses portes. la ville de Pézenas. à sa reconstitution. passe aux mains des familles de Montmorency et de Condé.

Sous l'administration du Connétable Henri et de son fils. le duc de Montmorency. la ville s'agrandit.

Desserrant. en 1597. la ceinture de ses murailles fortifiées. une cité nouvelle s'édifie. Elle comprend la Promenade du Quai (démolie en 1882 pour faire place au Cours Molière). avec de belles fontaines. les Églises de Sainte-Ursule. des Pénitents Noirs (Théâtre actuel). le Couvent des Capucins. le vaste Collège de l'Oratoire et les beaux hôtels particuliers dont on admire aujourd'hui les façades historiées de sculptures. les balcons de fer forgé. les vestibules spacieux. les escaliers de style aux rampes à balustres de pierre.

Le Connétable de Montmorency. gouverneur du Languedoc. choisit Pézenas pour sa résidence. Trouvant le Château vieux et incommode pour y loger les officiers de sa suite et ses serviteurs, il alla habiter la Grange des Prés. charmant domaine et lieu de pèlerinage, avec sa chapelle de Notre-Dame de Liesse aux Neiges. que son père Anne

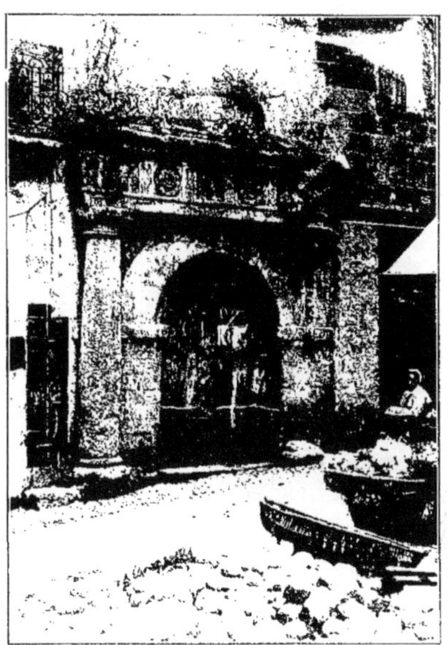

Porte de l'Ancienne Conciergerie (XVIᵉ siècle)

avait acquis en 1558 de Messire Christophe de Létang, évêque de Lodève.

En 1614. le Connétable y meurt. Son fils. Duc de Montmorency et d'Amville. hérita de la Grange des Prés et y passa la plus grande partie de sa courte existence. si aventureuse. si mouvementée.

Il y conduisit sa jeune femme. Marie-Félice des Ursins, et y installa une cour somptueuse d'officiers. de gens de lettres et d'artistes. La ville de Pézenas eut le bénéfice de cette réunion brillante: ce n'étaient que fêtes. réceptions. cortèges et processions.

Le Gouverneur du Languedoc y recevait les messages de la Monarchie. les armées s'y organisaient pour les expéditions.

En 1622, Louis XIII séjournait à Pézenas dans l'Hôtel de M. de Paulhan (Hôpital actuel). On lui fit une belle réception. Les chroniques disent qu'il s'extasia sur la beauté de la ville.

Sept ans plus tard, le Duc de Montmorency traitait Richelieu à la Granges des Prés en des fêtes « qui dépassèrent toutes les magnificences royales ». Mais la tragédie de Toulouse devait pour un temps jeter des voiles de deuil sur l'historique domaine et plonger la ville de Pézenas dans une vie de recueillement.

Entraîné dans le parti de Gaston d'Orléans, Montmorency éleva dans la Province l'étendard de la révolte contre l'autorité royale, après une séance fameuse des Etats généraux, tenue en juillet 1632, dans la grande salle de l'Hôtel de Ville (Tribunal de Commerce actuel).

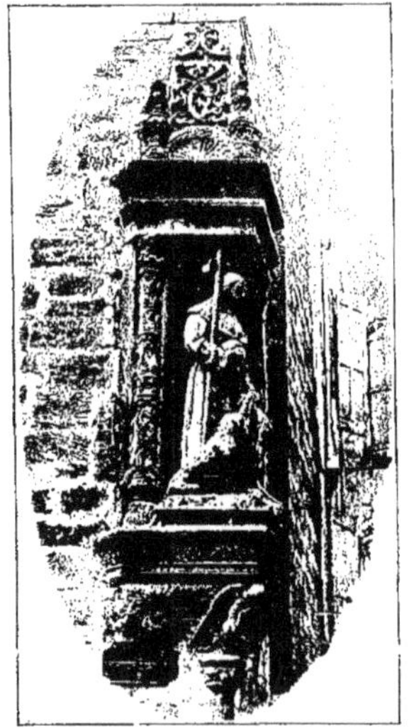

Niche Renaissance (1511)

Fait prisonnier, couvert de blessures, à la bataille de Castelnaudary, il ne trouva point grâce auprès du Roi, son cousin, ni de Richelieu, qui le fit décapiter à Toulouse.

Le terrible Cardinal ordonna même que le Château de Pézenas serait rasé. Les habitants eurent seulement la suprême consolation de démolir eux-mêmes l'antique forteresse, dont les murailles étaient si épaisses que « le canon n'y avait jamais pu faire la moindre brèche ».

La Grange des Prés, confisquée, fut rendue par le Roi à son héritière Charlotte de Montmorency, femme du prince de Condé, en même temps que les terres de Chantilly et d'Ecouen. Le Château est restauré et les époux viennent y séjourner avec leurs enfants au cours des années 1634, 1639, 1640.

Il semble que, dès lors et jusqu'à la fin du XVII° siècle, l'histoire de Pézenas se lie intimement à celle du magnifique domaine, surtout lorsqu'il devient l'apanage d'Armand de Bourbon, prince de Conti.

Les Etats Généraux du Languedoc, qui s'y tenaient à diverses reprises, depuis Charles VII (exactement depuis 1456), y ont leurs assises plus fréquentes. Cela n'allait point sans un grand mouvement de députés, venus des points les plus éloignés d'une Province qui s'étendait de Toulouse à Beaucaire, du Gévaudan, du Vivarais et de l'Auvergne aux rives du Rhône. La plupart de ces Messieurs des Etats avaient leur demeure en ville. Les autres se logeaient dans les hôtelleries renommées: les *Trois Perdrix*, la plus luxueuse; le *Cabaret de Saint-Etienne*, dans la rue des Selliers, à la porte duquel se balançait, comme enseigne, un saint Etienne en tôle; l'*Ecu Couronné*, en face le Pont Trompette, à l'arrivée de la grande route royale; dans la rue de Castelnau, « la plus belle et la plus agréable de la ville », lit-on aux Archives (aujourd'hui rue Conti), les hôtelleries du *Cheval Blanc* et du *Griffon d'Or*, et, voisine de l'Hôtel du Prince, dans cette rue, l'auberge du *Bât d'Argent*, qu'aimaient à fréquenter Molière et son ami Dassoucy, le gai chansonnier. Dans la cour, ornée d'une pittoresque margelle de puits, se trouve encore la salle avec la cheminée monumentale Henri II, dont le manteau abrita les rêveries du *Misanthrope*.

Pendant la session des Etats, il y avait à Pézenas des fêtes publiques, des réjouissances, des processions religieu-

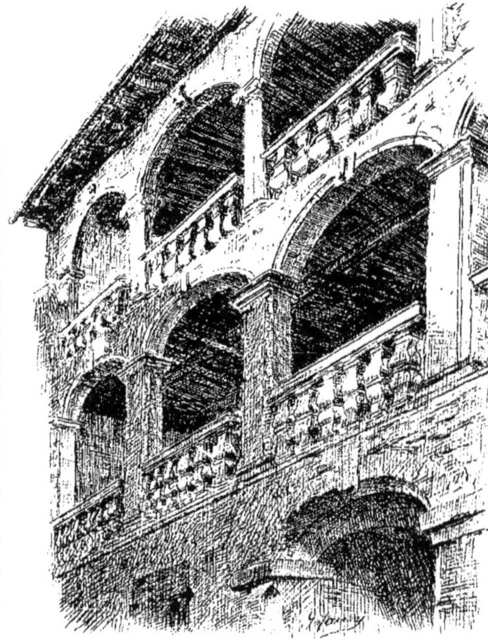

G. MAURY. *Façade de l'Hôtel d'Allonce. Théâtre de Molière* (Extrait d'*Une Ville d'Etats*, par A.-P. ALLIÈS.)

ses, des cortèges d'apparat, des feux de joie et des feux d'artifice.

Ces fêtes populaires, dont quelques-unes sont demeurées traditionnelles à Pézenas, méritent de nous retenir un instant, parce qu'elles ont concouru à donner à notre ville cette réputation qui lui vaut la faveur des foules languedociennes.

La danse des *Treilles*, notamment, est d'origine piscénoise, bien que, vers la même époque de son apparition, on la voie à Montpellier. On danse les *Treilles* pour la première fois à Pézenas en 1554, à l'occasion des fêtes données en l'honneur du séjour de Charles IX.

La génération qui nous a précédé et la nôtre ont assisté plusieurs fois aux évolutions gracieuses de ce ballet en plein

La Fête de *Caritach* est aussi célèbre à Pézenas. On en fait remonter l'institution à 738, à l'époque où Charles Martel chassa entièrement les Sarrasins de la Septimanie. Elle est inspirée par une touchante coutume. Au Moyen-Age, une fois par an, le jour de l'Ascension, les consuls des villes du Languedoc répartissaient aux pauvres les revenus des biens administrés par les établissements de charité. On bénissait à l'église le pain et le blé à distribuer: on s'y rendait en procession solennelle. Peu à peu, l'usage transforma cette procession en un cortège imposant, auquel prenaient part tous les corps de métier.

Chacun d'eux édifiait un char symbolisant le métier. Des jeunes gens à cheval ouvraient la marche, précédés eux-mêmes par le *Poulain* traditionnel, dont l'institution

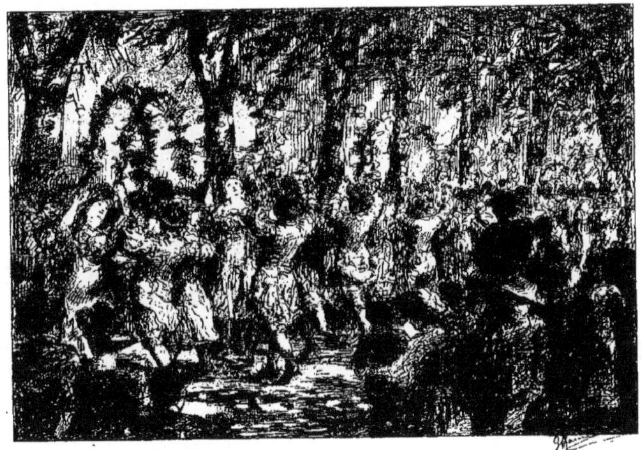

La Danse des Treilles à Pézenas
Dessin de G. MAURY (Extrait d'*Une Ville d'États*, par A.-P. ALLIÈS)

air, où 25 couples de danseurs et de danseuses mêlent leurs cerceaux enguirlandés de pampre, dans une gamme de velours, de soie et de satin.

Ce fut, en 1836, pour les Fêtes de *Caritach*; en 1863, à l'occasion de l'inauguration du chemin de fer et de la mémorable Exposition des Richesses artistiques de Pézenas, sur le Pré; en 1886, pour *Caritach* encore; en 1891, pour l'inauguration du nouveau Collège; et, enfin, la dernière fois, en 1897, à l'occasion de l'inauguration du *Monument de Molière*.

Cette danse n'est organisée à Pézenas qu'à de longs intervalles et pour les solennités importantes, parce que le souci d'élégance, la richesse des costumes, la recherche apportée dans les détails constituent de grands frais et font qu'aucune ville ne peut la présenter avec autant de somptueuse magnificence. Aussi les foules accourent-elles à ce spectacle.

remonte à la visite de Louis VIII à Pézenas, en 1226. Le cortège était terminé par la Charrette de *Caritach*, traînée par cent mules richement harnachées, pomponnées, fleuries de bouquets à la mode espagnole. Une jeune fille, dans ses voiles blancs, auréolée d'or, assise sous un dôme de fleurs et de verdure, symbolisait la Charité.

Depuis 1886, cette fête touchante de la bienfaisance et du souvenir n'a pas eu lieu à Pézenas.

Les réjouissances populaires se déroulaient à travers la ville, sur le Quai et sous la vieille Halle couverte, chapeautée de tuiles vertes: c'étaient la *Farandole* aux multiples transformations, dans ses costumes originaux et pittoresques: *las Quècos*, dans leur danse alternée; les *Empaillés*, sortes de saturnales rappelant les Kermesses flamandes; la *Danse du Soufflet*, si amusante; le *Feu aux Fesses*, où tout l'art consistait à allumer la queue confectionnée d'un ressort à boudin et enveloppée d'un chiffon blanc que présentait le danseur précédent.

Les rires fusaient, l'allégresse était générale pendant ces divertissements, dont la plupart sont arrivés jusqu'à nous.

C'est au milieu de ces fêtes que Molière, voyageant dans le Midi de la France, attiré par la réputation de la charmante cité, la pureté de son climat, l'aménité et l'hospitalité de ses habitants, arrive à Pézenas, « sur le char rustique de Thespis ».

Désormais, un soleil plus étincelant brillera sur notre ville. Elle sera la première halte heureuse, lumineuse et douce de notre grand poète comique.

Il y a fait son premier séjour en 1650. Il est accompagné de Madeleine Béjart, qui avait conquis son cœur, de

prince éclairé, aimait à s'entretenir avec lui des choses de la comédie, qu'il devait rétracter plus tard, dans son *Traité des Spectacles*. Il devait même, lorsqu'il fut tombé en dévotion, avoir comme un remords de son patronage et de ses relations avec le futur grand homme.

Les séjours de Molière, à Pézenas, furent longs et fréquents. Lorsque ses loisirs, à la Grange des Prés, le lui permettaient, il jouait sur le Théâtre de la ville, un jeu de paume dont j'ai déterminé l'emplacement (voir mon ouvrage « *Une Ville d'Etats* »). D'autres fois, il était l'acteur personnel du Prince, qui offrait à ses invités, aux députés des Etats, les délassements de la Comédie » dans l'hôtel d'Alfonce, voisin du sien, qui existe encore rue

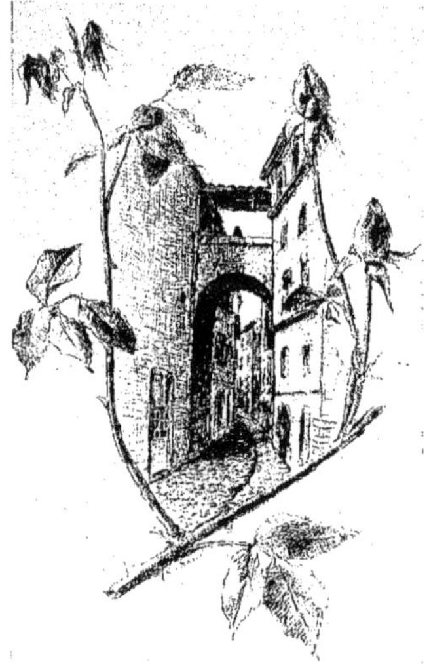

Léo DAVID. — *La rue Triperie-Vieille*

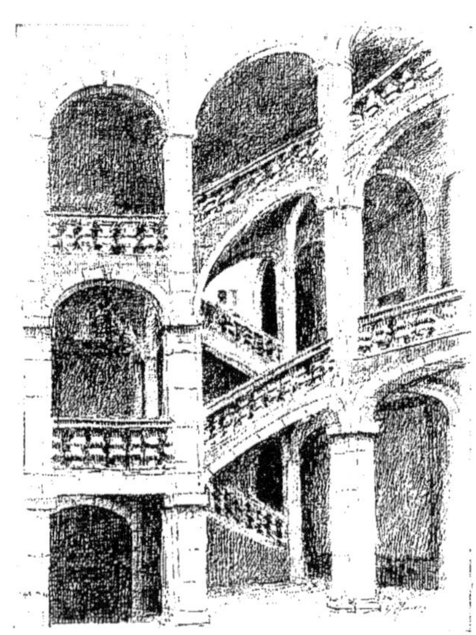

G. MAURY. — *Escalier du Grand Cercle (XVI° siècle)*

Mlle de Brie, de Duparc et de sa femme. Il jouait alors les farces de la Comédie italienne et quelques petites comédies comme *Le Médecin volant*, *La jalousie du Barbouillé*, *La Casaque*, qu'il écrivait au cours de ses pérégrinations.

Il revint en Languedoc en 1653. Daniel de Cosnac, dans ses *Mémoires*, nous raconte comment il fut présenté à la Cour du prince de Conti, à la Grange des Prés, et préféré à l'acteur Cormier. Ce fut surtout grâce à l'appui que lui donna, auprès d'Armand de Bourbon, le poète Sarasin, secrétaire des commandements du Prince, qui devait trouver la mort, paraît-il, quelque dix-huit mois plus tard, des suites d'un emportement de ce personnage. Sarasin est enterré dans la Collégiale de Saint-Jean.

Molière, qui avait trouvé dans Armand de Conti un

Conti, avec sa belle loggia Renaissance et sa cour intérieure aux colonnes torses monolithes, au seuil de laquelle, nous dit Cosnac, le prince reçut un peu cavalièrement Messieurs les députés, venus, le 4 novembre 1655, pour le complimenter.

Molière faisait de Pézenas le centre de ses pérégrinations. Il allait planter sa tente à Marseillan, à Gignac, à Nissan, à Montagnac. Il revenait le samedi, jour de marché à Pézenas, chez son ami Gély qui lui réservait, dans sa boutique, le siège fameux, d'où il pouvait mieux voir, observer, « contempler » quelques-uns des personnages qu'il devait marquer, plus tard, dans ses comédies, de traits ineffaçables.

C'est dans l'humble boutique « du barbier de Pézenas », emporté par Molière dans l'immortalité, qui demeure encore, dans toute son intégrité, sur l'ancienne place de l'Hôtel-de-Ville, que sont nées ces légendes, ces anecdotes, qui ont popularisé les séjours du grand ancêtre dans notre cité. Le théâtre, la gravure, les romans les ont vulgarisées, au point qu'on peut se dispenser de raconter ici *La Lettre improvisée*, *Les Anes de Gignac*, *La Barbe impossible*, *M. de la Roustecagnac*.

Il est aussi inutile de revenir sur la part de Pézenas dans l'œuvre de Molière. Sans s'arrêter sur cet intéressant personnage de *Lucette*, qui fustige de si belle façon, dans le dialecte piscénois, M. de Pourceaugnac, gentilhomme suborneur, on peut dire que l'influence de notre Midi est remarquable dans *Le Médecin volant*, *La Comtesse d'Escarbagnas*, *Le Médecin malgré lui*, *Le Malade imaginaire*.

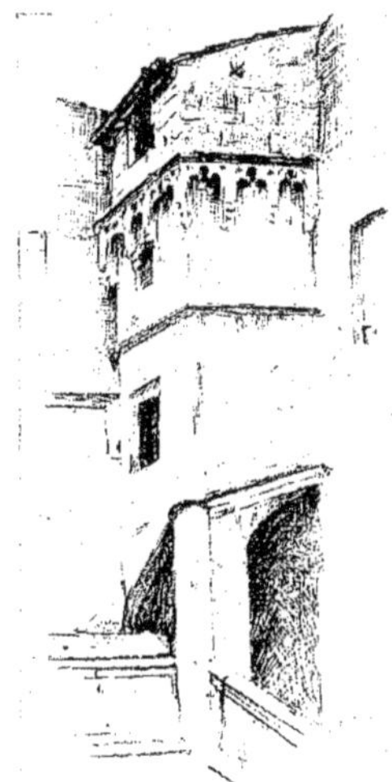

G. MAURY. — *La Tour gothique de l'Hôtel de Nizas*

Il n'est point, jusqu'au personnage de *Tartuffe*, qu'il, n'ait copié sur le modèle de l'abbé Roquette, à la Grange des Prés, tandis que la jeunesse désordonnée d'Armand de Bourbon lui inspirait les scènes de *Don Juan*. N'est-ce pas aussi à un poète-ouvrier de Pézenas, Vital Bedène, qu'il empruntait l'idée de la scène de Don Juan éconduisant Monsieur Dimanche?

Enfin, presque à chacune de ses pièces, un trait, un mot rappellent ses séjours à Pézenas, à l'aube de la gloire. Qu'on se souvienne de ces expressions, qui sont bien de chez nous: *carogne, petits-fils de p..., triple carogne, fine-pratique, la masque (vieyo masco), grand cheval de carrosse, double fils de p... (triplé fan dé p...), branler le menton (brandis la maïsso). Aga!* et bien d'autres expressions, toutes empruntées à notre patois par Molière.

Mais il serait trop long de s'arrêter sur cette étude, si intéressante cependant, des influences méridionales et surtout piscénoises dans l'œuvre de Molière.

Il quitte Pézenas en 1657 pour n'y plus revenir. Mais, certainement, avec les souvenirs de sa jeunesse heureuse, il y conserve des relations, notamment avec son ami, le bonhomme Gelly, qui dut lui préciser les termes savoureux de notre patois, quand, douze ans plus tard, il les introduit dans son amusante comédie de *M. de Pourceaugnac*.

Il semble qu'avec lui, la vie brillante et mouvementée de Pézenas s'en soit allée. Elle se réveille, cependant, pour rece-

voir Louis XIV et sa Cour, en 1660. Les fêtes qu'on lui donna furent splendides. Mais elle retombe dans le calme.

Armand de Conti s'est confit en dévotion. La Grange des Prés est devenue une sorte de thébaïde où le frivole personnage fait pénitence de ses débordements de jeunesse. Il ne veut plus entendre parler de ces comédiens, avec lesquels il entretint jadis des relations; il demande pardon à tous ceux qu'il a offensés, à ce M. de Calvimont, de Bordeaux, dont il avait ravi la femme, à qui il offrait, en divertissement, les spectacles de Molière. Son livre: *Du devoir des grands*, est un acte de contrition.

Il meurt à la Grange des Prés, en 1666. Après douze jours d'exposition dans l'église des Cordeliers, son corps fut transporté et inhumé à la Chartreuse de Villeneuve-lès-Avignon.

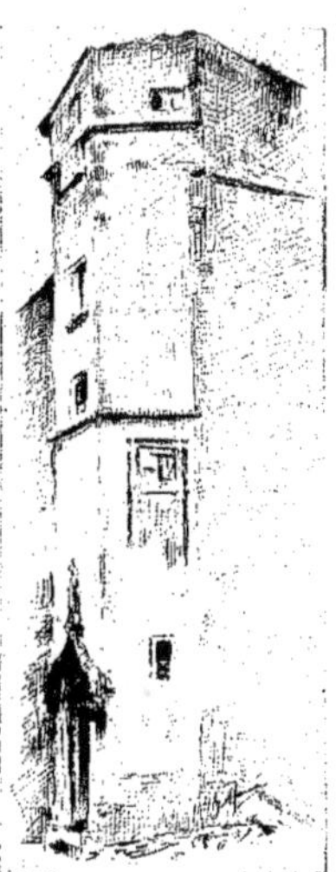

G. MAURY. — *Porte et Tour de l'Hôtel de Graves*

Sa veuve, Anne Martinozi, nièce de Mazarin, après avoir promené ses nefants à travers la ville, pour dire adieu aux habitants, part avec eux pour Paris. Ils furent élevés sur les marches du trône.

Cependant, les fils d'Armand de Conti conservèrent la propriété de la Grange des Prés jusqu'en 1738, date à laquelle ils la vendirent à la province du Languedoc. Ce fut le dernier chapitre de son histoire.

Mais elle devait avoir un éclatant appendice lorsque, à trois reprises, en 1893, en 1897 et en 1922, les acteurs de la Comédie-Française, accompagnés de notabilités littéraires et d'artistes illustres, vinrent réveiller les échos du domaine endormi, en interprétant, sur son théâtre de jeunesse, les œuvres mêmes du grand ancêtre. Journées inoubliables!!!

Les grands jours de Pézenas étaient finis. Cependant, elle avait une telle vitalité, un tel renom, que sa prospérité commerciale continuait à s'affirmer. Son collège, qui avait eu des maîtres comme Massillon, Barême, Mascaron, Thomassin, recevait toute la jeunesse des grandes familles du Languedoc. On notait, parmi ses élèves, des jeunes gens qui devinrent illustres: le cardinal de Fleury, ministre de Louis XV, le maréchal de Belle-Isle, l'organisateur de la retraite de Prague, le chevalier de Belle-Isle, son frère, le cardinal de la Rochechouart, le savant Venel, l'astronome de Plantade, le jurisconsulte Bédarride, le maréchal de camp de Plantavit, lieutenant de Montcalm au Canada, l'administrateur Henri Reboul, et bon nombre de magistrats de Cour souveraine.

La ville accueillit avec joie la nouvelle des événements qui firent triompher, à Paris, la Révolution. Elle célébra solennellement la fête de la Fédération, à laquelle participèrent les Pères professeurs du Collège de l'Oratoire.

Quelques-uns de ses enfants se distinguèrent par leur héroïque vaillance, dans les armées de la Révolution et de l'Empire: Cambefort, Bassas, Mel, Tarniquet, Gleize, d'André, Alengry.

D'autres se signalèrent dans les assemblées politiques: Pascal Rouyer, Henri Reboul, Curée, Carion-Nizas.

Le coup d'Etat de 1851 fut mal accueilli à Pézenas: une émeute éclata. Plus de trois cents Piscénois, et parmi eux

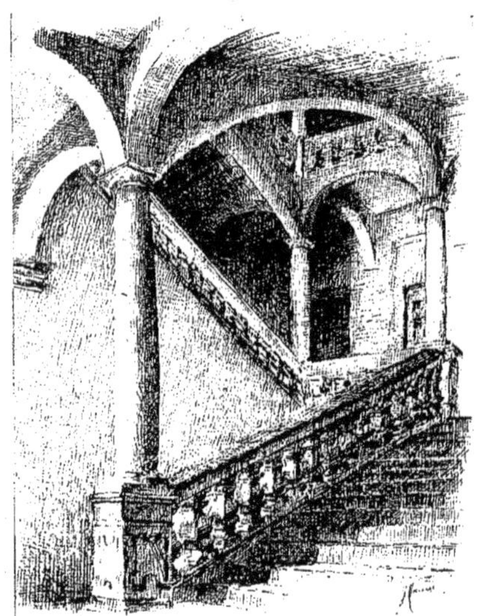

Dessin de G. MAURY
Escalier de l'Hôtel Malibran

plusieurs femmes, furent déportés, emprisonnés ou réduits à fuir.

L'apaisement se fit, non l'oubli. En 1870, à la proclamation de la République, le parti démocratique fut installé à l'Hôtel de Ville.

La ville, qui avait bon nombre de ses enfants à l'armée, contribua par une magnifique souscription à l'élan patriotique de la France pour libérer le territoire.

Aujourd'hui, Pézenas vit de ses souvenirs, de son antique réputation. De temps à autre, elle est secouée de son long sommeil par un événement important. Mais, à l'écart des grandes voies ferrées, elle n'a pu retrouver sa prospérité d'autrefois. Pour s'adonner à la seule culture de la vigne, elle a délaissé peu à peu ses fabriques de draps, de chapeaux, de vert-de-gris, de chandelles, de soufre, ses tanneries, ses magnaneries, tout ce qui, en un mot, avait assuré pendant de longs siècles, son renom commercial et sa fortune.

Elle a seulement conservé une certaine activité dans le commerce de la distillerie, de la tonnellerie, des vins et des eaux-de-vie, si renommées en Europe.

Enfin, elle a gardé, autour de son enceinte, sa belle couronne de jardins, où les maraîchers de son importante banlieue viennent toujours s'approvisionner.

En 1897, elle marquait le souvenir des séjours de Molière dans ses murs en inaugurant, en des fêtes splendides, un magnifique monument de marbre, chef-d'œuvre de l'illustre statuaire Injalbert. Nombreuses furent les notabilités des Lettres et des Arts qui vinrent se ranger, ce jour-là, autour du Grand Maître de l'Université, M. Rambaud.

Il y eut, le lendemain, une belle réplique à la Grange des Prés.

Vingt-cinq ans plus tard, la piété des Moliéristes Piscénois appelait les foules du Midi à venir célébrer, dans notre ville, le troisième centenaire de la naissance de l'immortel auteur.

Le 26 septembre 1897, Pézenas fut ravagée par une terrible inondation, qui causa des dégâts considérables. Elle reçut, à cette occasion, la visite de M. Fallières, Président de la République, et des ministres Barthou et Milliès-Lacroix.

Au cours de la Grande Guerre (1914-1918), notre ville éleva son patriotisme à la hauteur des événements. Tandis qu'un millier de ses fils couraient aux frontières, la population organisait des hôpitaux, où des femmes dévouées soignaient les blessés, créait des œuvres de secours et d'assistance aux soldats et à leurs familles, recueillait les réfugiés évacués des pays envahis, remettait à l'Hôtel de Ville des dons en argent et en nature, susceptibles d'apporter quelque soulagement à tant de maux et d'infortune.

Plus de deux cents Piscénois ont sacrifié leur vie à la cause de la Civilisation et du Droit. Leurs concitoyens leur ont élevé, dans leur cœur reconnaissant, le seul monument que méritait leur héroïsme.

A.-P. ALLIÈS.

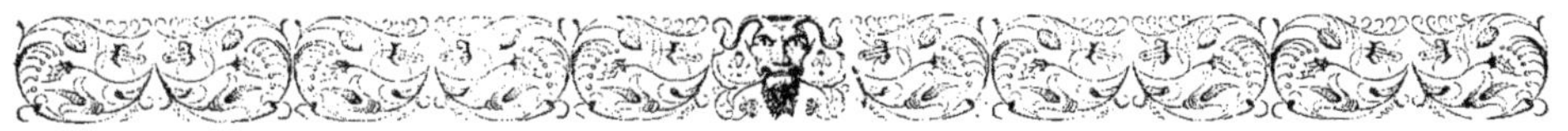

L'EXPOSITION A VOL D'OISEAU

De grands jours se lèvent, à nouveau, pour Pézenas.

Ville historique, mêlée à tous les grands événements du Languedoc, elle a gardé de son passé de splendeurs une physionomie architecturale qui attire et retient le visiteur.

Les façades de ses vieux hôtels des XVIe et XVIIe siècles, historiées de sculptures, enrichies de balcons en fer forgé, tous construits en pierre de taille, ses vestibules gothiques, ses cours dominées de tours, ses escaliers aux balustres de pierre, aux rampes ouvragées; ses édifices civils et religieux, attestent ce que fut cette cité.

C'est au XVIIe siècle, surtout, quand elle abritait la Cour des Gouverneurs du Languedoc, des Montmorency et des Conti, et les Etats généraux de la Province, quand Molière venait déposer sur son blason une gloire immortelle, que sa splendeur fut à son apogée.

Mais elle ne fut point seulement dans le passé une ville de fêtes, de divertissements. Elle fut aussi, depuis les temps anciens, et même durant la nuit du moyen-âge, une ville de travail.

Elle avait alors une vie commerciale intense. Ses foires remontant à une haute antiquité y attiraient les marchands étrangers, venus de tous les points du pays latin. Elles rivalisaient avec celle de Beaucaire. Jacques Cœur y avait établi un comptoir. Son marché du samedi y attirait un peuple affairé, avide de négoce.

Les noms de ses vieilles rues, conservés depuis des siècles, témoignent encore, comme dans les grandes villes marchandes d'autrefois, son activité dans le travail et les échanges.

Cette prospérité économique qui faisait désigner Pézenas, en 1790, comme siège d'un Tribunal de Commerce et, en 1802, d'une Bourse de Commerce, dura jusqu'après la guerre de 1870. Alors survint son déclin. Laissée à l'écart de la grande ligne de chemins de fer, serrée, concurrencée par ses puissantes voisines, Béziers, Montpellier, elle abandonna peu à peu les industries qui avaient fait son renom, pour ne se livrer qu'à la seule culture de la vigne et au commerce de la tonnellerie. Son marché des alcools, si animé jadis, qui réglait les cours dans toute l'Europe, lui échappe désormais au profit de Béziers.

Elle conserve, seulement, autour de ses murs, la couronne de ses jardins maraîchers dont les produits portés au loin étaient si réputés.

Mais en parcourant ses belles rues, ses places, d'une harmonieuse perspective, on sent qu'elle a eu la fierté de garder une parure luxueuse avec ses beaux magasins, aux riches vitrines, disposés avec goût, abondamment pourvus, tels que beaucoup de grandes villes pourraient les lui envier.

Située dans une plaine fertile, au confluent de deux rivières, au croisement des grandes voies routières, il semble que cette position géographique lui vaut, aujourd'hui, par la faveur des autos, d'être plus souvent visitée.

Son nom, son passé, exercent une attraction prestigieuse sur le touriste.

Ce sont ces raisons qui ont déterminé son choix comme siège de la grande Exposition Régionale.

Elle a été décidée à l'occasion de la distribution des récompenses de la Prime d'honneur à l'Agriculture. On sait que tous les ans le ministère désigne cinq départements français comme attributaires de cette prime. L'Hérault a été choisi, cette année, pour décerner cette récompense aux agriculteurs les plus méritants. Son tour ne reviendra donc que dans dix-huit ans.

L'Exposition de Pézenas est organisée par l'Office Départemental de l'Hérault, en collaboration avec la Ville

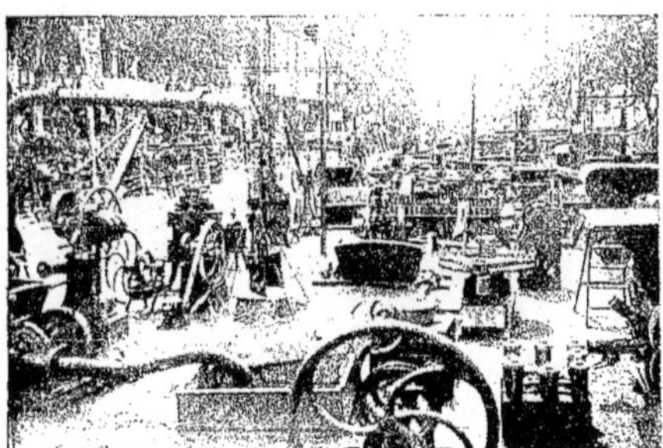

L'Exposition des Machines et Instruments agricoles

de Pézenas, les Sociétés agricoles et la Société d'horticulture et d'Histoire naturelle de l'Hérault. Elle est subventionnée par le ministère de l'Agriculture, au nom du Gouvernement, le Conseil Général de l'Hérault, l'Office Agricole Régional du Midi, l'Office agricole du département de l'Hérault et la Ville de Pézenas.

Elle se dresse sur la Promenade du Pré Saint-Jean, autrefois propriété des Commandeurs de Saint-Jean de Jérusalem qui la cédèrent à la ville en 1538. Elle est ombragée de platanes plantés en trois allées, sur une longueur de 320 mètres.

On accède à l'Exposition par une porte monumentale, édifiée au tournant de l'avenue de Béziers. Après avoir gravi le perron de pierre, orné de palmier gigantesques, on se trouve transporté dans une cité en miniature et en fête par les nombreux drapeaux qui la pavoisent.

A droite et à gauche de l'entrée les pavillons des Jurys

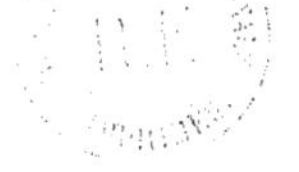

et du Commissariat général. Sur toute la longue avenue du Pré, les Stands couverts des nombreux commerçants, disposés avec beaucoup de goût et d'art.

A l'extrémité, du côté du Square Molière, où se dresse le chef-d'œuvre de marbre du maître Injalbert, une vaste pelouse de fleurs, qui précède le somptueux pavillon du Commerce et de l'Industrie, renfermant les comptoirs de luxe. Il est l'œuvre de M. Cassan, architecte à Montpellier.

Les magnifiques ornements en sculpture sur les façades sont dues au ciseau de M. Coste, le sculpteur montpelliérain.

Dans l'allée de Peyne, les maisons démontables, les cons-

tion qui abrite les grandes marques françaises de l'Automobile; à droite et à gauche, les instruments agricoles de petite dimension.

Nous voici, maintenant, devant l'élégant pavillon des *Amis de Pézenas*, le Comité d'Initiative, fondé il y a deux ans, par M. A.-P. Alliès, secrétaire général de l'Exposition. La décoration, d'un style de transition entre le Louis XV et le Louis XVI, est d'un très bel effet artistique. Ce gracieux monument est l'œuvre de MM. Cassan et Coste, de Montpellier.

Un parterre de fleurs, dessiné par M. Balsière, domine

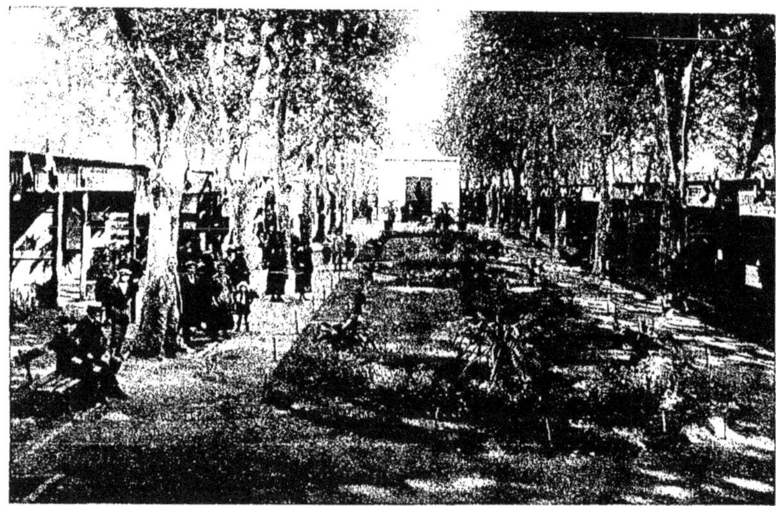

Le Jardin du Palais du Commerce

tructions en agglomérés, les pavillons d'horticulture, les stands de dégustation de toutes boissons, les crèmeries chocolateries, biscuiteries, la Ferme modèle. On a ménagé un grand espace pour jouir de la vue sur le panorama splendide de la plaine de l'Hérault et des vertes collines boisées de Marennes, Saint-Martin-de-Grave, Saint-Antoine, au pied desquelles coule l'Hérault, donnant à la ville un aspect de ville florentine.

En face l'entrée, on a édifié un kiosque pour les concerts quotidiens. Il sera transformé en tribune pour les orateurs des diverses cérémonies qui se dérouleront dans le cadre de l'Exposition.

Un peu plus loin, en descendant, la massive construc-

par des palmiers et quincias géants, forme l'atrium de ce sanctuaire où les « Amis de Pézenas » ont réuni tous les souvenirs artistiques, historiques et pittoresques de leur pays.

On descend de là sur le Champ de Foire où toutes les maisons industrielles ont installé leurs puissants appareils; il ne s'y trouve que des noms connus.

En sortant de cette Exposition si belle, si intéressante, captivante par ses aspects variés, nous ne pouvons qu'admirer le soin et l'intelligence qui ont présidé à son organisation. Rendons-en hommage à la ville de Pézenas, toujours cité du goût, aux membres dévoués du Comité et à leurs collaborateurs de l'Office Agricole de Montpellier.

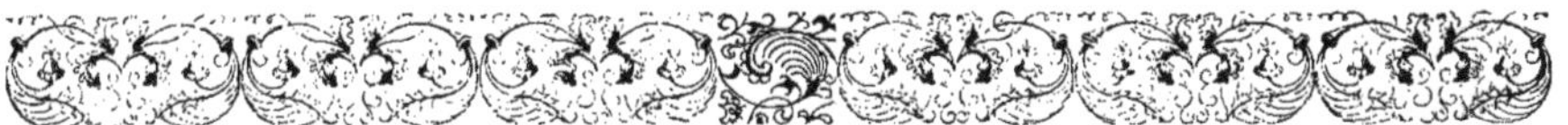

L'INAUGURATION - LA VISITE DE L'EXPOSITION

Pézenas affirme ses sentiments de fête par un enthousiasme magnifique. Les façades de ses demeures sont pavoisées, les avenues de l'Exposition sont piquées de mâts d'oriflammes. Les salves d'artillerie éclatent. Les cloches de Saint-Jean et de Sainte-Ursule jettent dans l'air leurs sons joyeux.

La veille, la foule se pressait sur les pas des retraites vénitiennes de la *Fanfare Piscénoise* et des trompettes de *Pézenas-Fanfare*. Parties de points différents et suivant un itinéraire

constitués, les sociétés chorales et musicales, le Comité de l'Exposition sont réunis pour attendre le Préfet de l'Hérault, délégué par le Ministre de l'Agriculture, pour inaugurer l'Exposition.

Le train, pavoisé de drapeaux, entre en gare à deux heures précises. M. Chapel, maire de Pézenas, entouré de ses adjoints et des membres du Conseil municipal, reçoit le Préfet et lui souhaite la bienvenue, ainsi qu'aux notabilités

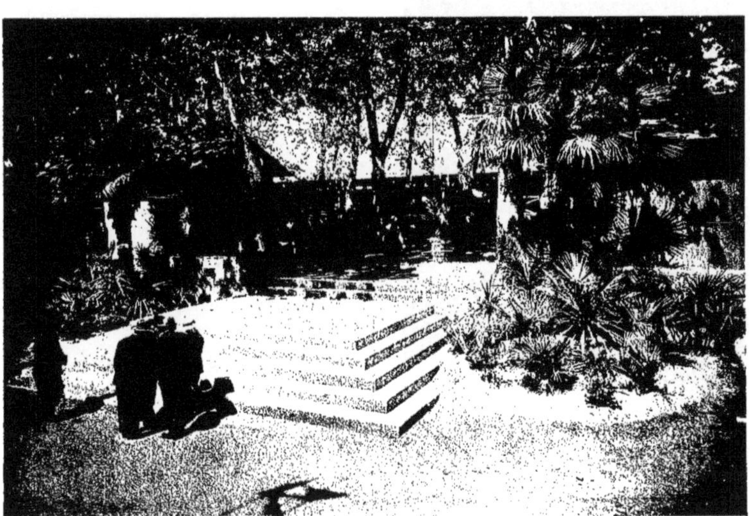

L'entrée de l'Exposition. — Le Grand Perron.

distinct, elles se réunissaient sur l'immense place du 14-Juillet, illuminée, où les attendait l'harmonie la *Concorde*.

On assista à un concert musical que termina la *Marseillaise*.

Dès les premières heures de la matinée, les trains déversent les étrangers sans nombre. A l'Exposition, on met la dernière main, une main bien affairée, à l'organisation des stands, des pavillons.

Le cours Molière, l'avenue de la gare du Nord, par où doit passer le cortège officiel, sont noirs de monde. Sur le quai de la gare d'intérêt local, les autorités, les corps

qui l'accompagnent: MM. Ourmet, sous-préfet de Béziers; Bougoin, secrétaire général de la Préfecture ; Pelisse, Reboul, Roustan, sénateurs; Barthe, Caffort, Guilhaumon, Railhac, députés; Coulet, recteur de l'Université; général Martin, commandant le 16e Corps d'armée, et son officier d'ordonnance, le capitaine Grange; Bougoin, Cadenat, André, Moulin, conseillers généraux; Girard, ingénieur en chef; Caraman, président du Tribunal de commerce de Montpellier; Nègre, président du Conseil général; Lafon, président du Tribunal civil de Béziers; Manceaux, procureur de la République; Nougarède-Bernroud, président de la Fédération Méridionale des vins; Pasquet, commissaire général de l'Exposition; Suchon, maire de Béziers, et son adjoint, M. Albertini.

M. Chapel, maire, présente au Préfet les membres du Conseil municipal et le Conseil d'administration de l'Exposition.

A l'occasion de l'ouverture officielle de l'Exposition de Pézenas, la Cie des Chemins de fer de l'Hérault procédait à l'inauguration de ses nouvelles voitures automotrices de Dion-Bouton.

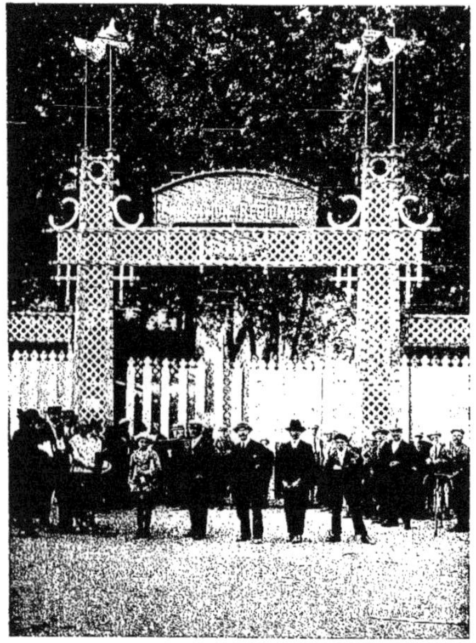

La Porte d'Entrée de l'Exposition

Elles se caractérisent par leur élégance autant que par leur confort.

Les « 1re *classe* », peintes extérieurement en grenat, sont luxueusement décorées à l'intérieur. Tendues de velours bleu, les sièges très confortables permettent de placer vingt-quatre personnes; huit autres places sont prévues dans le compartiment réservé.

Les voitures de 2e classe ont trente-neuf places. Peintes extérieurement en vert olive, elles sont garnies, dans l'intérieur, de bancs en bois jaune canné.

L'automotrice, actionnée par un moteur de 65 CV., marche à une vitesse moyenne de 40 km. à l'heure. La traction est donnée sans heurts et la suspension absolument remarquable.

Les automotrices, d'une suffisante puissance, ont marché avec une parfaite régularité, et dans la grande côte de la Madone, la vitesse n'a pas été inférieure à 20 km. à l'heure.

Le système de freinage est très perfectionné, assurant une sécurité absolue.

La Cie d'Intérêt Local a donc été très heureusement inspirée en dotant son réseau de ces nouvelles machines.

Le cortège se forme et se dirige, précédé du drapeau municipal, vers l'Exposition. Les musiques éclatent en fanfares sonores. Une minute de recueillement devant le Monument aux Morts. La foule fait la haie sur le parcours. Les beaux hôtels du cours Molière, fleuronnés de pierres ciselées, de balcons en fer forgé, de portes architecturales, arrêtent les regards de nos hôtes. Par la place de la République, le Marché des Eaux-de-Vie, l'avenue du Pré, on arrive à l'Exposition.

On y accède par une Porte monumentale originale, bariolée de couleurs du plus bel effet, et un Perron aux degrés de pierre, flanqué de palmiers et orné de plantes rares.

Les invités prennent place sur la vaste tribune, dressée au centre de l'allée principale du Pré. Une foule immense l'environne. Tandis que l'on s'installe, notre vue domine le bel ordonnancement des stands pavoisés aux couleurs nationales, la magnificence architecturale des Palais du Commerce, de l'Industrie et des *Amis de Pézenas*. Au loin, par-delà les jardins qui firent la réputation de notre ville, l'œil s'étend sur les coteaux boisés de Marennes et de Saint-Martin de Graves, aux pieds desquels l'Hérault coule lentement. Mais *La Concorde* joue la *Marseillaise*; tout le monde se découvre.

M. Chapel, maire, prend le premier la parole pour adresser à chacun le salut et le remerciement de Pézenas.

DISCOURS DE M. CHAPEL

Maire de Pézenas

MONSIEUR LE PRÉFET,
MESSIEURS LES SÉNATEURS,
MESSIEURS LES DÉPUTÉS,
MESSIEURS LES CONSEILLERS GÉNÉRAUX,
MESDAMES,
MESSIEURS,

Il y a six mois à peine, en prévision de l'attribution des récompenses aux lauréats des concours de la prime d'honneur du ministère de l'Agriculture et sur la poposition qui m'en était faite par M. Pasquet, l'éminent directeur des Services agricoles du département de l'Hérault, il fut décidé qu'une Exposition agricole, viticole, industrielle et commerciale se tiendrait à Pézenas en 1925: la date choisie fut celle du 21 mai.

Le Conseil général de l'Hérault, l'Office départemental de l'agriculture de l'Hérault, l'Office régional agricole du Midi, la Société d'horticulture, le Conseil municipal de Pézenas s'intéressèrent aussitôt à la chose et votèrent des subventions importantes.

Un travail inouï s'imposait pour mener à bien cette lourde tâche. Il fallait des hommes de bonne volonté et de décision: quelques amis de Pézenas s'attelèrent ardemment à la besogne, en collaboration avec l'inlassable organisateur M. Pasquet, faisant appel au gracieux concours de toute la presse et surtout de l'un d'eux, le grand citoyen piscénois, Paul Alliès, toujours à la peine quand il s'agit de Pézenas, ne marchandant ni son temps, ni ses veilles. Le résultat ne pouvait être douteux; c'est aujourd'hui un grand succès.

C'est donc au nom de la ville de Pézenas que j'adresse d'abord l'expression de notre plus vive gratitude, à M. le Président de la République française qui a bien voulu doter notre Exposition d'un objet d'art de grande valeur: il portera le nom de Prix du Président de la République. J'adresse également mes plus vifs remerciements à tous ceux qui, de près ou de loin, soit pécunièrement, soit par leur travail, ont pris part à la création de cette belle manifestation économique qui honore notre ville.

Je vous remercie, Monsieur le Préfet, qui en avez suivi avec une sollicitude constante le développement et l'organisation; Messieurs les parlementaires et tous les invités d'avoir accepté d'assister à l'ouverture

toire à laquelle il manquait à ce jour une page: elle est maintenant sous vos yeux, c'est l'Exposition de 1925. Telle est l'œuvre, Monsieur le Préfet, que nous inaugurons aujourd'hui, sous la présidence d'honneur de votre haute personnalité. C'est avec un sentiment de légitime fierté que j'annonce l'ouverture de notre Exposition.

Les applaudissements éclatent sous la voûte des grands arbres. L'orphéon l'*Avenir* exécute un très beau chant dont la fin est saluée de bravos.

Mais voici M. Ducaud, Préfet, qui se lève pour apporter l'hommage du Gouvernement.

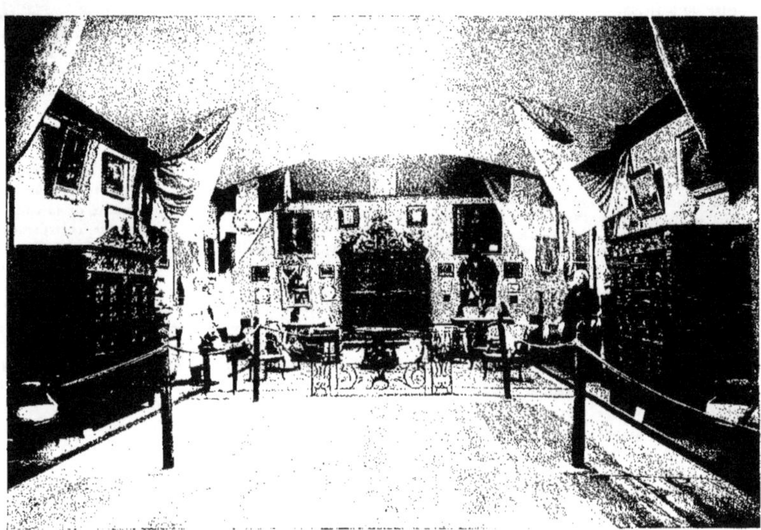

Palais des « Amis de Pézenas »
Le salon

de notre Exposition. Vous avez contribué à rehausser l'éclat de cette fête et je vous en exprime toute ma reconnaissance.

Je remercie, enfin, tous les exposants qui ont répondu à notre appel; mais je tiens à insister sur l'intérêt que représente toujours une manifestation de l'ordre de celle qui nous réunit ici. Elle appelle l'attention de tous, non seulement elle éveille et satisfait la curiosité, mais elle permet de se rendre compte des progrès accomplis et aussi de comparer les progrès réalisés chez nous avec ceux qui ont été obtenus à l'étranger.

Une Exposition comme la nôtre met en évidence le savoir de l'ingénieur, du constructeur, du mécanicien et l'habileté de l'artisan. Elle met aussi en évidence les produits nécessaires à la culture de nos beaux vignobles du Midi; elle a, en outre, le mérite de créer et d'entretenir entre ceux qui y participent ou qui seulement la visitent, une émulation solidaire. Elle élargit les idées et oblige à faire toujours mieux. Elle permet à chaque exposant de prendre conscience de sa juste valeur.

Vous n'oublierez pas, Messieurs, de visiter le Palais des *Amis de Pézenas*. Vous vivrez là, en un moment, toute l'histoire de notre vieille cité, his-

DISCOURS DE M. DUCAUD
Préfet de l'Hérault

MESDAMES,
MESSIEURS,

L'Exposition de Pézenas que nous allons inaugurer, mon Cher Maire, en compagnie des autorités départementales et locales, des parlementaires, du Président du Conseil général et du Conseil général tout entier est, je n'en doute pas, réussie en tous points.

Comme celles qui l'ont précédée et que j'ai eu le plaisir de visiter, à Montpellier en 1923, à Agde en 1924, elle groupe un nombre particulièrement grand d'exposants, de machines et d'instruments

Quand nous parcourrons les stands si vastes, si spacieux, mais en à la renommée agricole et viticole, à la réputation glorieuse si justifiée, de votre ville de Pézenas.

Quand nous parcourrons les stands si vastes, si spacieux, mais en même temps si suggestifs, si adéquats au but poursuivi, nous ne nous lasserons pas d'admirer, j'en suis certain, tout ce qu'offre aux yeux et à l'esprit étonnés l'ordonnance d'un outillage qui semblerait avoir atteint la limite de la perfection, si le progrès n'était pas sans fin, et si les inépuisables ressources du génie de l'homme n'étendaient pas, chaque jour, le champ sans bornes de sa miraculeuse action.

Nous n'oublierons pas les rares qualités des produits que nous aurons vus, ils font certainement l'admiration de votre Exposition.

Vos fêtes, comme vous en avez l'ambition, constituent, en vérité, pour votre petite patrie, l'apothéose du travail. Elles en consacrent l'éclat et la grandeur morale. Oui, glorifions le travail, il est la source de tous les biens et de toutes les vertus domestiques. Il trempe les caractères, il fait les âmes hautes; il égalise les conditions, si l'égalité suprême dépend, comme c'est la loi de la démocratie, de la conscience et de la dignité de la vie. Il fait plus encore: entre employeurs et employés, il détermine des rapprochements qui sont au profit et à l'honneur de tous.

Nous sommes en effet, à une époque où l'on ne comprendrait pas que, dans le monde du travail, on ne fût pas uni, depuis les plus hauts jusqu'aux derniers degrés de l'échelle sociale par les liens de la plus étroite solidarité. C'est notre devoir à tous de faire que cette solidarité, ne soit pas un vain mot. Les pouvoirs publics s'appliquent à en faire, chaque jour, une réalité vivante. Nulle part, ils ne sont plus généreusement et plus pratiquement secondés que dans l'Hérault.

Le représentant du Gouvernement de la République, dans le département, est fier de voir se développer de la sorte ces manifestations agricoles annuelles et sa joie est grande d'être venu constater, au milieu de vous, à quel labeur est dû cette réussite.

Il félicite hautement la Municipalité de Pézenas, le Directeur départemental des Services agricoles et tous ceux qui ont donné leur concours à ces fêtes de la pensée qu'ils ont eue de réunir dans cette magnifique Exposition les résultats des efforts de plusieurs générations de travailleurs.

Ces générations ont, chacune, apporté leur pierre à l'édifice, dont on peut aujourd'hui admirer les superbes proportions.

La cérémonie est terminée par une *Marche Triomphale*, jouée par l'harmonie *La Concorde*.

Alors commence la visite de l'Exposition.

Lentement, le cortège se dirige vers le PAVILLON DES AUTOMOBILES, où les plus grandes marques françaises ont tenu à cœur d'exposer. Les tentures de velours, rehaussées de crépines d'or, les tapis moelleux, les luxueuses voitures, les cuivres, les nickels, les glaces qui en rehaussent l'éclat, tout donne l'impression d'un salon élégant et riche, du meilleur goût.

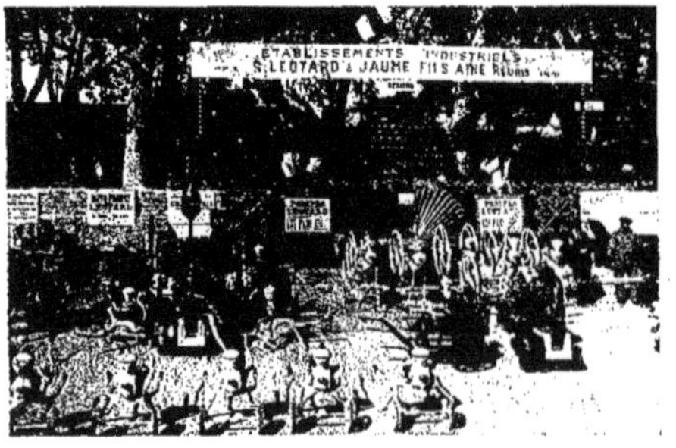

Stand de la Maison LÉOTARD et JAUME, de Béziers

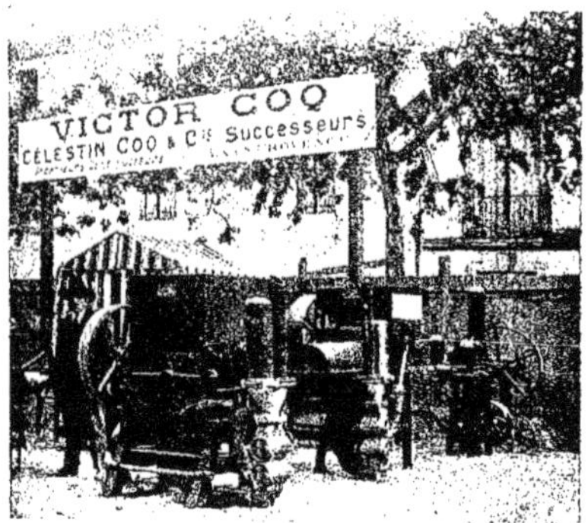

Stand de la Maison CÉLESTIN COQ, de Marseille

Un arrêt devant le STAND DE M. AUBERT, fabricant d'eaux gazeuses à Pézenas, pour déguster ses fameuses *Torpilles-Sodas*. On goûte fort l'originalité de la construction en faux-bois cimenté par MM. Taussac, entrepreneurs. Les châlets démontables de M. Pesché-Cadenat retiennent l'attention.

Par un joli jardin, dessiné par un amateur artiste, M. Gabriel Basière, orné de palmiers séculaires, de massifs de plantes rares, disposés avec un goût exquis par la MAISON ROUSSEL, fleuriste, de Montpellier, et où, sous la verdure, se cache une pierre historique: le *Chien qui ronge l'os*, auquel se relie une légende locale du temps du Connétable de Montmorency, lorsqu'il résidait à Pézenas, on accède au Palais des *Amis de Pézenas*.

Il est l'œuvre de M. Cassan, architecte à Montpellier. Les ornements qui enrichissent cette blanche façade, dans le style Louis XVI, ont été dessinés par M. Coste, également du chef-lieu.

M. A.-P. Alliès, Secrétaire général de l'Exposition, reçoit, en sa qualité de Président des *Amis de Pézenas*, le Préfet et les notabilités qui l'accompagnent. Il fait les honneurs de ce Salon qui renferme la plupart des richesses, des curiosités, des œuvres d'art de Pézenas.

Nous ne les énumérerons pas, consacrant à ce splendide Palais un chapitre spécial.

La foule est si dense que la marche du cortège devient difficile. On descend sur le Champ de Foire, totalement utilisé pour l'Exposition des machines agricoles. Très bien ordonnée, elle présente l'animation d'une vaste usine en travail: tous les appareils sont en mouvement. Moteurs, tracteurs, eaux jaillissant des pompes aspirantes et refoulantes, sifflets, bruit de machines en marche, tout donne l'impression d'une activité laborieuse.

Un arrêt un peu plus prolongé s'imposait devant la belle exposition des ETABLISSEMENTS LÉOTARD ET JAUME, de Béziers.

Cette importante firme expose de nombreux outils

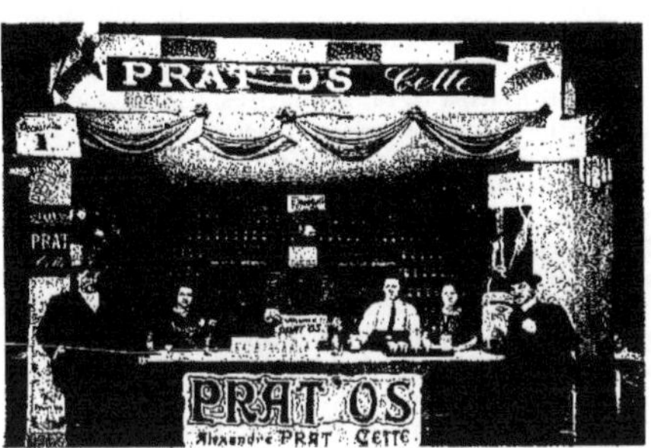

Stand de la Maison AELXANDRE PRAT, *de Cette*

modernes de vinification, d'une construction parfaite et d'un fonctionnement impeccable qui force l'attention des visiteurs.

De tous ces outils, vraiment remarquables, étudiés avec grand soin, nous citerons simplement les Pompes Léotard, brev. S.G.D.G., que tout le monde connaît et apprécie.

Les Moto-Pompes, avec dispositif Léotard, brev. S.G. D.G., permettant de régulariser le liquide, et avec arrêt automatique sans risques de ruptures des tuyaux.

Nous ne pouvons qu'engager les nombreux visiteurs à se rendre compte des inventions et perfectionnements que cette sympathique firme présente et à demander la liste de ses très nombreuses et très importantes installations modernes de vinification mécanique.

Nous rappelons que cette maison est dépositaire des moteurs Japy, universellement connus.

L'exposition des charrues, bisocs et autres instruments aratoires de M. MAUPIN, de Pézenas, attire l'attention des visiteurs officiels.

Le STAND DE LA MAISON COQ, *d'Aix-en-Provence*, spécialisée depuis longtemps dans la construction du matériel vinicole, présente un ensemble harmonieux de toutes les machines constituant l'outillage des caves modernes.

L'attention est de suite attirée par une nouveauté sensationnelle. C'est le foulograppe Coq, pour l'élévation de la vendange. Dans cet appareil, la vendange est élevée, non par rotation, comme dans la plupart des foulopompes existantes, mais par une pompe à piston, travaillant par aspiration et refoulement, la vendange n'étant ni brisée, ni hâchée.

Les pressoirs hydrauliques Coq sont trop universellement connus pour qu'il soit nécessaire de les décrire. A signaler cependant le benjamin de la série n° 4, créé tout spécialement pour la petite propriété, jusqu'à 1.000 h.

On se retire émerveillé du Parc des instruments et machines agricoles. C'est une vision de puissance, de force créatrice, de travail continu qu'on emporte de cette visite. Malgré ses vastes proportions, le Champ de Foire est encore trop exigu pour abriter les nombreux exposants, parmi lesquels sont les premières maisons du Midi. On a dû en

installer plusieurs sur la Promenade. Ils n'ont pas été les moins remarqués.

On revient sur le Pré par le grand Perron.

Le Préfet et sa suite se plaisent à admirer les travaux de sculpture, ébénisterie, bourrellerie, ferblanterie, reliure, cordonnerie des élèves de l'*Ecole Professionnelle de Blessés de la XVIe Région*, de Montpellier, et les objets et outils de culture de la *Colonie agricole et industrielle d'Aniane*.

Le STAND DE LA MAISON CALMELS, carrossier, boulevard Voltaire, à Pézenas, est des plus intéressants. Successeur de l'ancienne maison Fieuzet, M. Calmels expose de beaux modèles de charrettes ou jardinières, destinés aux travaux de la propriété. Nos hôtes sont retenus par une voiture, dite *Tartane*, construite spécialement par lui pour l'Exposition. Elle rappelle à ceux qui ont visité l'Espagne la voiture curieuse dont se servent nos voisins d'outre-monts.

Il fait chaud, bien que les beaux platanes mettent les visiteurs à l'abri du soleil.

M. LAVERGNE, brasseur à Pézenas, invite le cortège à se rafraîchir. Il offre un verre de bière « Le Phénix » et cette délicieuse limonade dite « La Piscénoise ».

Un certain nombre de visiteurs ont été plus particulièrement attirés par le GRAND VIN PRATOS, si connu et si apprécié par son moelleux, son velouté, son goût délicieux. M. Alexandre Prat, de Cette, est tout heureux des compliments qu'on lui prodigue.

Le pavillon présenté par la MAISON TURIÈS ET IMBERT, de Pézenas, est trop près de nous pour ne point nous y arrêter. C'est une originale construction en chérons compressés, recouverts de toutes les variétés de pavés et de mosaïques, spécialités de cet établissement.

On prend le plus vif intérêt à l'exposition d'aviculture de M. JACQUES FÉMINIER, de Pézenas. Cet intelligent propriétaire présente aux visiteurs une *Ferme modèle*, avec toutes les spécialités de la basse-cour.

Non loin de là, dans le Stand de l'Horticulture, on remarque la belle exposition d'œillets du pépiniériste EMILE CHARLE, de Pézenas. Sur la même ligne des Stands se trou-

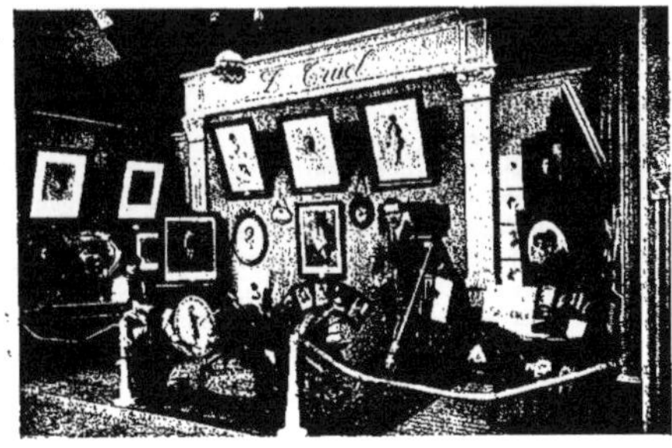

Fa!ais du Commerce. — Stand de M. TRUEL, *photographe à Pézenas*

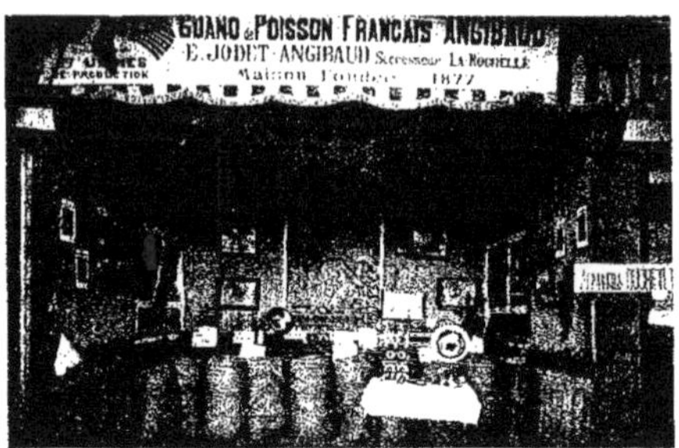

Stand de la Maison JODET-ANGIBAUD. *de la Rochelle*

vent les beaux fruits. les produits maraîchers. que le jury examinera demain.

Le Préfet pénètre dans le *Palais du Commerce et de l'Industrie*, d'une belle architecture et d'une délicate ornementation. Comme celui des *Amis de Pézenas*. à l'autre extrémité de la Promenade. il est l'œuvre de MM. Cassan et Coste, de Montpellier. Il est à double entrée. Sa façade nord donnant sur un magnifique jardin comporte des ornements variés, d'un fin travail. De majestueux palmiers décorent les portes d'accès.

Dans ce palais ont été groupées toutes les industries de luxe: ameublements, objets d'art. salons photographiques, peintures. tentures. tapisseries. etc., etc.

Il faudrait citer tous les stands, décrire leur magnificence, leur artistique présentation, notamment celle de M. TRUEL, photographe à Pézenas. dont le cortège admire les photos remarquables de fini et de merveilleuses aquarelles et pointes sèches.

Mais on se hâte: il y a tant à voir encore. On sort par la porte ouvrant sur le jardin improvisé et fleury par la MAISON AYMARD, de Montpellier. C'est le seul endroit où l'on peut s'isoler un peu de la foule, du mouvement. du bruit. des musiques qui. de l'autre côté. donnent le caractère de fête. de réjouissance à l'Exposition.

C'est le *Cloître*, avons-nous dit. parce qu'on y trouve plus de calme. de paix et de fraîcheur.

Ici, sont les stands des *Engrais*. On admire la somptuosité élégante de celui de Mme Vve VALDEBOUZE. de Milhau; l'originale et importante présentation de la MAISON JODÉT-ANGIBAUD, de La Rochelle. dont le Produit, *Guano de Poisson français*, jouit d'une réputation mondiale. De même, d'ailleurs. que le *Compost animalisé extra* de la MAISON BELLEUDY ET ORSANI. de Marseille. représentée à Pézenas par M. Benjamin Boularand. et les *Engrais animalisés* si renommés de M. LOUIS BLANCHON, usine Saint-Louis, à Agde.

Dans cette partie de l'Exposition se trouve l'intéressante présentation de l'ancienne maison Vignal. de Pézenas. SAVALL. SALVADOR, gendre. successeur. Les visiteurs officiels admirent la beauté des harnachements, des selles, sortis de cet atelier, autant d'œuvres d'art, pourrait-on dire.

A côté. le STAND DES ETABLISSEMENTS RUGGIERI, de Monteux. Il renferme les fusées paragrêles, les fumigènes, les pièces d'artifice de cette maison, fondée en 1739, et qui jouit depuis d'une renommée toujours grandissante.

Le Comité d'organisation a confié à la MAISON FERRAN ET TOBIAS, de Béziers, les illuminations publiques de l'Exposition, l'éclairage des Stands. la force motrice à donner aux machines.

Il n'a pas eu lieu de le regretter. Nous aurons à revenir sur la beauté des illuminations. Mais avant de sortir du Parc de l'Exposition, le Préfet et sa suite ont voulu visiter le Stand particulier que les électriciens présentaient. Il y a là tous les appareils. gros et petits, concernant les applications modernes de l'énergie électrique. Tout le monde a été vraiment captivé.

Le cortège est passé un peu vite devant le grand Pavillon des Vins. Deux cents propriétaires de la région exposent leurs produits: vins rouges, vins rosés. vins blancs, vins de liqueur, vieilles eaux-de-vie du pays.

Il serait trop long de lire toutes les étiquettes de ces vins des meilleurs crus du Languedoc, qui mériteraient d'être mieux connus. En ce moment. nous ne pouvons que louer la belle présentation de cette exposition spéciale. bien ordonnée sur les vastes étagères en gradins.

Il est quatre heures. La visite de l'Exposition est terminée. Le cortège sort par la porte du square Molière. où

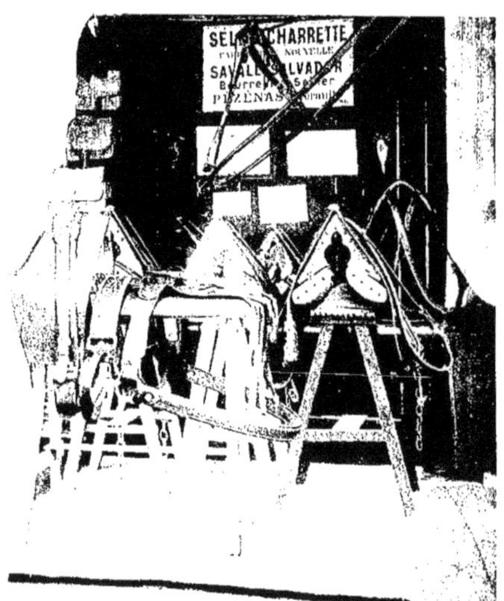

Stand de la Maison SAVALL-SALVADOR, *bourrelier-sellier, de Pézenas*

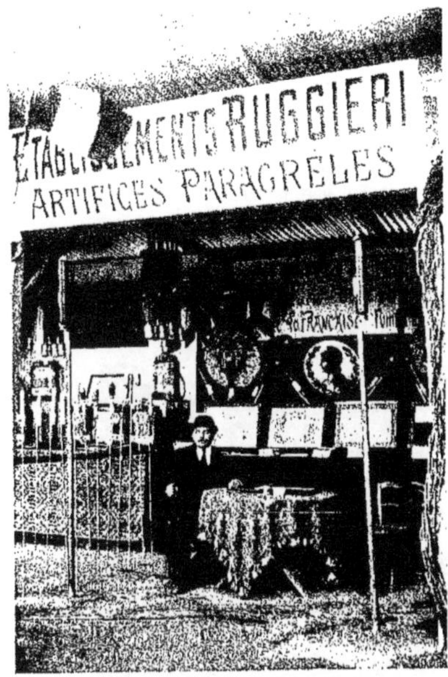

Stand des Établissements RUGGIERI, de Monteux

l'attendent les sociétés chorales et musicales. Il se remet en marche, au son des trompettes, contourne le rond-point du 14-Juillet et, par le même itinéraire, mais en sens inverse, qu'à l'arrivée, il se rend à l'Hôtel de Ville, où un vin d'honneur doit lui être offert par la Municipalité.

L'orphéon l'*Avenir* scande sa marche d'un chœur entraînant, qui alterne avec les pas redoublés exécutés par la *Concorde*, la *Fanfare Piscénoise* et *Pézenas-Fanfare*.

LE VIN D'HONNEUR

Le cortège officiel arrive à l'Hôtel de Ville. C'est sous les arceaux du Collège des Oratoriens dépendant de cet édifice qu'a été dressé le buffet. M. Chapel, maire, en fait les honneurs avec son amabilité habituelle.

En quelques paroles improvisées, il remercie les hôtes de Pézenas de leur visite. Il espère qu'il sortira une grande leçon d'énergie, de volonté et de travail de la manifestation économique dont ils viennent d'ouvrir les assises.

M. Barthe, député, prend la parole au nom des Parlementaires de l'Hérault. Évoquant des souvenirs déjà anciens, il se rappelle que c'est dans ce Collège qu'il a passé les années insouciantes de son enfance, qu'il a reçu les leçons de maîtres dont il avait pu apprécier la valeur et la bonté indulgente. Il s'excuse de parler de Pézenas devant des gens qualifiés par leurs travaux historiques pour en vanter les splendeurs. Mais il faut bien saluer cette capitale intellectuelle de notre Midi. Il suffit de parcourir ses rues, de jeter un regard sur ses magnifiques demeures pour retrouver partout la trace glorieuse du passé de cette belle cité. Il fait ensuite l'éloge de l'Exposition, de sa magnificence, de la variété des produits présentés. Le Ministre de l'Agriculture viendra bientôt la visiter. Une fois de plus, il jugera que la viticulture est la seule richesse de notre sol et qu'il ne faut point la surcharger d'une fiscalité injuste. Il lève sa coupe en l'honneur de Pézenas, de son Exposition, à la prospérité du Languedoc.

De justes applaudissements accueillent cette chaleureuse péroraison.

Ils ont à peine cessé que M. Nègre, président du Conseil général, ancien sénateur, veut dire à son tour sa joie, sa fierté, son admiration de ce qu'il vient de voir. Avec une éloquence enflammée que n'arrêtent point les bravos qui entrecoupent son discours, il proclame la beauté, la grandeur, le passé historique de Pézenas. C'est un hymne d'amour à la gloire de notre ville que l'éminent orateur jette sous les voûtes de l'antique Collège.

« Nous sommes tous en Languedoc, dit-il, les débiteurs de cette noble cité qui, sans rien abandonner de ses traditions, de sa foi ardente pour tout ce qui a fait sa splendeur, est demeurée à l'avant-garde des bataillons démocratiques. Elle a conservé cette élégance dans l'hospitalité que nous retrouvons aujourd'hui. Elle possède des hommes de travail qui ont mis en lumière les fastes de son histoire. Elle a gardé sur son visage les traits à peine meurtris de sa beauté d'antan ».

Ainsi, durant plus de vingt minutes, le vénérable Président de l'Assemblée départementale tint ses auditeurs sous le charme.

Tout frémissant de ces belles paroles, le Président des

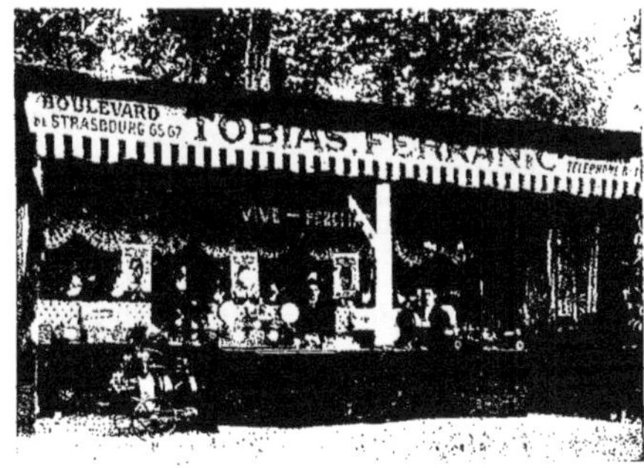

Stand de la Maison TOBIAS-FERRAND. Électricité, Béziers

Amis de Pézenas, M. A.-P. Alliès Secrétaire général de l'Exposition, croit devoir remercier M. Nègre d'avoir associé le passé historique de notre ville à la manifestation de progrès moderne qui s'ouvre aujourd'hui. Il exprime sa gratitude pour tout ce que son discours et celui de M. Barthe contiennent de personnel et d'aimable à son endroit. Rappelant la parole de Renan, reprise plus tard par le grand Pasteur: « Les siècles d'une nation, dit-il, sont comme les

sont fait entendre tant de professeurs illustres, d'où sont sortis tant de sujets remarquables, quelques-uns devenus célèbres dans les Sciences, les Lettres, la Politique, l'Armée. Il est fier d'avoir sucé le lait de cette bonne terre piscénoise dont il connait toutes les ressources d'énergie, d'intelligence et de travail qui s'affirment aujourd'hui dans son admirable et féerique Exposition. A Pézenas, au succès de son Exposition, il boit avec joie et gratitude!

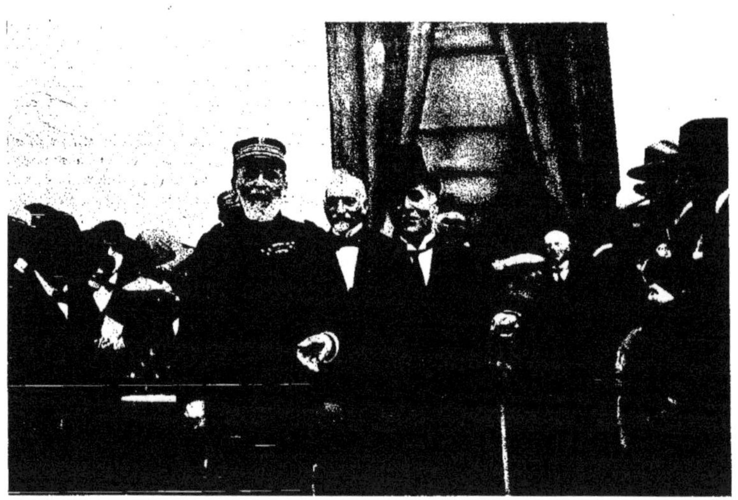

L'Inauguration
Le cortège officiel sortant du Palais des *Amis de Pézenas*

feuillets d'un même livre. Les vrais hommes de progrès sont ceux qui ont pour point de départ une admiration profonde pour le passé ». Il est donc heureux de l'évocation historique qui vient d'être faite toute à l'honneur de Pézenas. Il salue et remercie les notabilités départementales ainsi que les Parlementaires de leur visite cordiale.

Enfin, le sénateur Pelisse, avec humour et sa bonhomie habituelle, rappelle qu'il est presque un fils de Pézenas. Il a grandi dans cette ville qui conserve la tombe de sa mère: il a été élevé, comme Barthe, dans ce vieux Collège où se

C'est fini. On se retire par groupes pour regagner la gare du Nord, d'où les automotrices reconduiront les invités officiels à Montpellier et à Béziers.

Le Préfet remercie le Maire de son accueil et le train s'ébranle sur un dernier salut.

Le ciel est radieusement bleu. Le soleil couchant illumine les collines qui font à Pézenas une ceinture de verdure et donnent à ses toits rouillés, à ses demeures de vieilles pierres taillées, à ses édifices, à ses clochers, l'aspect d'une petite Florence.

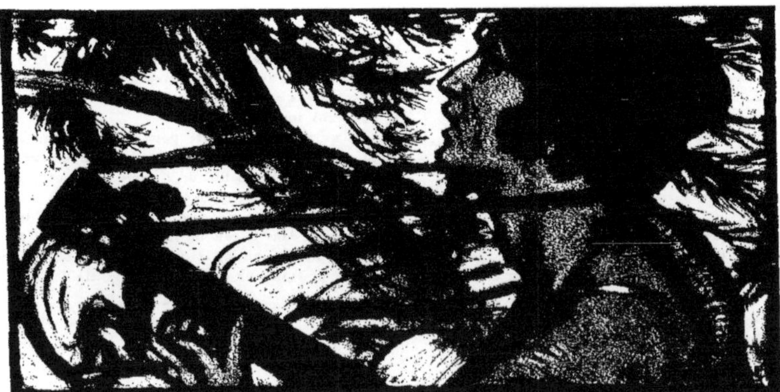

Emile BEAUME. — La Cigale de Pézenas

LES DISTRACTIONS DE L'EXPOSITION

Pour si belle, si intéressante que soit une Exposition, elle ne peut prétendre captiver à elle seule, pendant douze journées, l'attention des visiteurs. Le Comité d'organisation a donc songé à les distraire. Tout un programme de fêtes, de réjouissances, de spectacles, de manifestations, fut dressé et, disons-le, parfaitement réalisé.

Il n'y eût pas un seul jour où ne fussent offerts au public l'agrément des yeux, le charme de l'oreille.

Chaque après-midi, de 5 heures à 7 heures, un orchestre jouait dans les jardins de l'Exposition. L'exécution en était symphonique, sous la direction d'un maître, M. Gazey. si parfaite que l'on avait pris l'habitude d'aller en nombre. à ce moment de la journée où la chaleur est moins forte, écouter et applaudir ces musiciens, tous de première valeur. Le pavillon des chaises ne suffisait pas aux demandes de location.

Chaque soir aussi, on était assuré de s'amuser, de passer des heures agréables à l'Exposition. La porte monumentale brillait de mille feux et était comme une invitation à pénétrer à l'intérieur, où de plus belles illuminations encore, des milliers de lampes électriques sur toute l'étendue de la Promenade. donnaient aux voûtes des platanes l'aspect d'une véritable féerie.

L'architecte de l'Exposition avait imaginé une grande scène démontable pour les représentations théâtrales. Dressée, dès la fermeture de sept heures, contre le Palais du Commerce, elle était démontée le même soir après le spectacle.

UNE CRÉATION THÉÂTRALE A L'EXPOSITION

Lou Perdou de la Terro

La journée du 21 mai, consacrée à l'inauguration officielle de l'Exposition, eut le soir, un magnifique couronnement: la première représentation d'une pièce languedo-cienne, œuvre du grand félibre Emile Barthe, dont le public piscénois a pu, en maintes reprises, apprécier le magnifique talent.

Barthe avait résolu de lui donner la faveur de cette création. L'Exposition en fut le texte et c'est sur son théâtre de plein air qu'elle fut, pour la première fois, applaudie.

Nous avons le plaisir de reproduire l'article qu'un journaliste montpelliérain consacra à cette manifestation d'art dramatique:

Jeudi soir, 21 mai, sur la scène du théâtre de l'Exposition, a eu lieu la création du magnifique drame languedocien: *Lou Perdou de la Terro*, de notre confrère et ami, le félibre Emile Barthe.

Cette représentation, donnée sous les auspices du Comité de l'Exposition, des *Amis de Pézenas*, que préside avec autant d'intelligence que d'activité le distingué historien d'une *Ville d'Etats*: M. A.-P. Alliès, était due également à l'heureuse initiative du Comité du *Théâtre de Langue-doc*, donc M. Maurice Pétesque est le zélé animateur.

Le succès le plus complet a couronné d'ailleurs cette manifestation d'art et de littérature régionalistes, et, dès huit heures, une foule compacte se pressait dans l'enceinte de l'Exposition.

On peut évaluer à trois mille le nombre des spectateurs qui, soit aux places assises, soit contre les barricades du pourtour, assistèrent à la représentation.

Avant le lever du rideau, le conférencier Ernest Fornairon. en villégiature dans la région, vint définir, en quelques mots de prologue, l'œuvre d'Emile Barthe: il campa la silhouette du poète qui est en train de rénover le théâtre Languedocien et n'a jamais cessé de s'acheminer vers une plus grande beauté.

Puis la représentation se déroula.

On connaît le sujet de la pièce et cet ardent conflit qui se débat entre les membres d'une même famille: déserter la terre ou, au contraire, y demeurer attaché.

Le père symbolise le culte de la terre. C'est le grand prêtre de cette religion du sol et il ne se résout qu'à regret à vendre son bien; mais sa fille — jeune femme coquette et assez fière — rêve de la vie luxueuse et bourgeoise aux côtés d'un époux qui a l'ambition de gagner largement et rapidement de quoi faire vivre une existence belle et enviée à celle qu'il aime.

Hélas! des spéculations malheureuses dans le commerce des vins le conduisent à la ruine. Désespéré, il se tue; et c'est alors le troisième acte — émouvant comme un noc-

Sophocle. Et pas une seconde l'intérêt ne faiblit. M. Barthe est un homme de théâtre éminemment doué. Chacun de ses mots « porte » et les passages les plus lyriques n'ont pas été les moins applaudis.

La place nous est mesurée pour donner ici un compte rendu complet et pour analyser ce beau drame scène par scène, mais que la qualité de l'œuvre ne nous fasse pas oublier les vaillants interprètes qui l'ont conduite au triomphe, et au premier rang desquels il convient de citer Mlle Danjou dans le rôle de Lison qui sut, tour à tour, être émouvante et mutine et qui eut, au second acte, après une scène de fraîcheur exquise, où elle détailla à ravir la

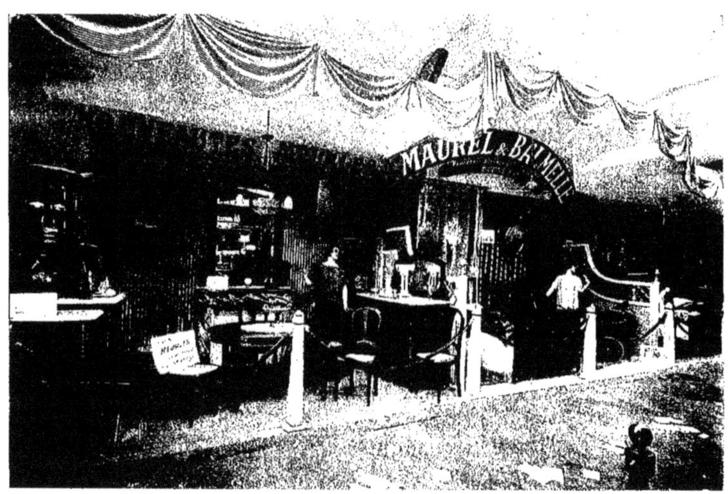

Palais du Commerce
Intérieur

turne de Chopin — où les vieux déplorent leur malheur. Mais tout peut-être n'est pas perdu: ils ont un fils sur lequel ils peuvent compter et des amis fidèles, et M. Bombal lui-même qui acheta leur bien annule tous contrats et leur rend leurs terres. La terre pardonnera, et plus tard, peut-être, avec le temps, l'aube d'un nouveau bonheur pourra luire.

On a comparé le *Pardon de la Terre* au *Pain du Péché*, d'Aubanel, et le drame de Barthe ne perd rien à cette comparaison. En effet, il y a dans ces deux pièces le même souffle tragique, à la fois simple et puissant, et le même lyrisme transfigurateur qui les apparentent aux tragédies antiques.

Certaines scènes du *Perdou de la Terro* sont dignes de

Romance de Lison, des accents déchirants de douleur sincère, dont la vérité empoigna l'auditoire.

Dans le rôle de la mère, Mlle Marie Baudet s'est révélée une artiste intelligente et sobre. Elle dit avec justesse et émotion, et elle ne tombe jamais dans l'emphase. C'est une artiste racée sur laquelle les poètes peuvent compter.

Dans le rôle épisodique de Mariétoun, Mlle Jeanne Algrin a campé une silhouette paysanne d'une grâce exquise. Cette jeune actrice a eu des attitudes tanagréennes qui s'harmonisaient avec les vers du drame, et une diction juste et compréhensive.

Parmi les interprètes masculins, il convient de signaler M. Simon Jalade qui donna du père une création juste, nuancée et sincère. M. Simon Jalade est un acteur de premier ordre. Il a le sens de la nuance, il a l'enthousiasme et l'émotion. Il sait faire rire et il sait faire pleurer, et cela sans jamais une fausse note. Il a joué avec autorité et passion.

M. Martin a également fort bien tenu le rôle difficile de Ramon et, tour à tour. MM. Ferret, Antoine Jalade, Joseph Pendariès et Gaston Ponge ont su donner à leur rôle respectif le ton qui convenait, et ils ont prouvé leur connaissance profonde du vers languedocien.

M. Frédéric Pétesque, qui avait assumé les délicates fonctions de régisseur, mérite d'être loué pour la mise en scène ingénieuse et l'arrangement gracieux du plateau.

En résumé, cette représentation fut une des meilleures que l'on ait vue depuis longtemps. Elle fait honneur à ses organisateurs, et si l'on en juge par la bonne impression qu'elle fit sur le public, qui réclama l'auteur et l'acclama avec enthousiasme, on peut prévoir que l'œuvre de propagande et de décentralisation entreprise par le Comité du Théâtre

Le lendemain matin, les jurys visitèrent les *Produits de l'Alimentation*, les *Ameublements, Bâtiments et Beaux-Arts*.

Avant le concert de l'après-midi, le public assista à une intéressante partie de *Basket-Ball*, jouée par les élèves du Collège de Pézenas. Elle se déroula entre le kiosque de la musique et le Palais du Commerce. Ce jeu, très intéressant, a constitué pour les nombreux spectateurs une attraction originale. C'est un sport nouveau. Il consiste à faire passer le ballon au-dessus d'un filet suspendu en l'air.

En raison du marché hebdomadaire, les étrangers vinrent en foule. On s'en rendait compte par les nombreuses automobiles rangées le long des avenues, n'ayant point trouvé de place dans les garages.

A six heures, un violent orage mit en fuite tout le monde.

Mais le soir, sous un ciel redevenu serein et la lumière électrique, on dansa jusqu'à une heure avancée de la nuit.

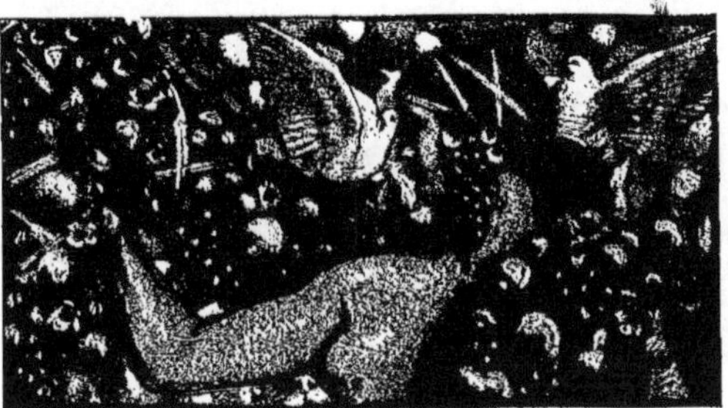

Émile BEAUME. — *Les fruits du jardin*

de Languedoc sera couronnée de succès, comme elle le mérite.

OPÉRATIONS DU JURY ET AMUSEMENTS

La matinée du 22 mai fut consacrée par les membres des divers jurys à l'examen des Machines et Produits destinés à l'Agriculture et des Plantes et Fleurs.

L'après-midi, l'affluence des étrangers fut nombreuse. Bon nombre d'entre eux s'étaient dits qu'ils y aurait moins de foule, ce qui leur permettrait de voir plus à l'aise les Stands et de s'attarder plus longtemps aux richesses du Palais des *Amis de Pézenas*. Quand leurs yeux furent las d'admirer tant de merveilles, ils vinrent se mêler aux familles de la société piscénoise qui se reposaient sous les frais ombrages, tout en écoutant le concert de l'orchestre symphonique.

Le soir eurent lieu des séances de cinéma, entrecoupées de représentations de gymnasiarques: *The Brothers Yatti's*, dans leurs périlleux exercices.

UN BEAU DIMANCHE A L'EXPOSITION

Le dimanche 24 mai fut ce que l'on peut appeler « *un beau dimanche* ».

Les étrangers affluèrent par milliers. En ville, hôtels, cafés, garages ne désemplissaient pas. A l'Exposition, on contrôla 20.000 entrées. Comment toute cette foule arriva-t-elle à se mouvoir dans l'enceinte, pourtant immense? On se le demande encore. Il fallut organiser un service d'ordre à l'entrée des Pavillons. Celui des *Amis de Pézenas* ne cessa point d'être absolument comble. Il fallut arrêter plusieurs fois les entrées pour permettre aux visiteurs de s'écouler.

A deux heures, l'excellente musique de Saint-Thibéry, *La Lyre Sainte-Thybérienne*, monte sur le kiosque. Elle exécute, aux applaudissements du public, un très beau programme de concert. L'*Harmonie Sainte-Cécile*, de Nézignan-l'Évêque, lui succède et recueille de multiples bravos dans son exécution.

Il y a lieu de féliciter ces deux phalanges musicales qui ont relevé gracieusement, par leur talent, les fêtes de l'Exposition.

Le soir, à 9 heures, sous la voûte illuminée, se déroula une excellente représentation de la *Juive*. L'organisation du chef-d'œuvre d'Halévy avait été confiée à M. Queyla, directeur du Théâtre municipal de Pézenas. L'orchestre était conduit par M. Gazey, le chef des concerts symphoniques de l'Exposition. Les artistes et le corps de ballet connurent le succès avec les multiples bravos des spectateurs.

tainement encouragés à imiter ceux qui n'ont pas craint les appréciations du jury.

D'autre part, les membres du jury des vins dégustaient les produits exposés, d'une variété infinie et d'un goût délicieux. Tous se plaisaient à regretter qu'une Foire des Vins ne fut instituée dans l'Hérault, pour mieux les faire connaître et réduire enfin la mauvaise réputation qu'on s'est

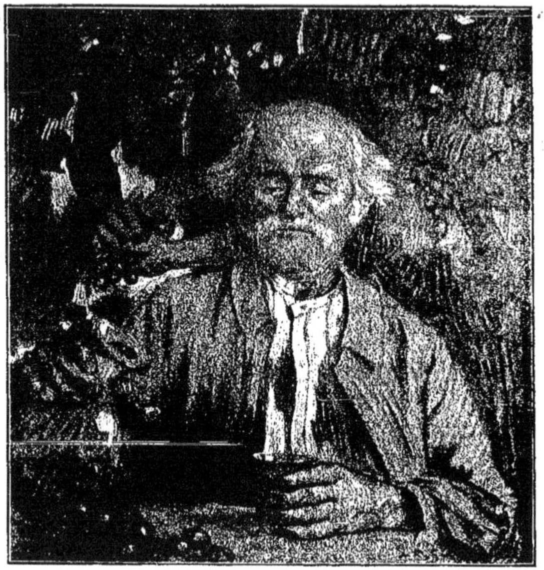

L.-R. GUIRAUD. — *Le vin nouveau*

L'AVICULTURE ET LES VINS

RÉCEPTION DES MEMBRES DU JURY

Dans la matinée du lundi 25 mai, les propriétaires s'adonnant à l'élevage des animaux de basse-cour ont installé dans les cages réservées à leurs animaux les plus beaux spécimens de leur production. Nous avons été surpris du nombre des exposants et de la variété des espèces présentées. Le jury procèdera ce matin à ses opérations.

Dans une région, où la vigne est la principale source de richesses, il est heureux de constater que la basse-cour est tenue en honneur par un grand nombre de nos propriétaires. Les satisfactions que procure l'élevage des animaux de basse-cour ne sont pas négligeables et les visiteurs, tout en admirant les beaux spécimens présentés, seront cer-

plu à faire aux vins du Midi. D'autres demandaient la création d'une *Foire de vins blancs* à Pézenas, située par la topographie au centre des pays de production, d'une part des vignobles d'Adissan, Péret, Cabrière, Paulhan et, d'autre part, Marseillan, Pomérols, Pinet et Castelnau.

A midi, le Comité de l'Exposition recevait à déjeuner, à l'Hôtel du Commerce, les membres du jury, choisis parmi les personnalités marquantes de l'Agriculture, du Commerce et de l'Industrie. Les Beaux-Arts et la Littérature étaient aussi représentés.

Au dessert, M. Chapel, maire de Pézenas et président du Comité, a remercié au nom de la ville de Pézenas et au nom du Comité de l'Exposition les membres du jury qui ont, par leur haute compétence et leur choix judicieux dans l'attribution des récompenses, rehaussé l'éclat de notre Exposition. Il a remercié également tous ses collaborateurs du Comité qui l'ont aidé à mener à bien l'œuvre de l'Exposition.

M. Palazy, le représentant autorisé de la Viticulture, a glorifié, dans un discours très applaudi, notre beau pays piscénois. Il a préconisé l'alliance de la Viticulture et du Commerce pour la défense des intérêts régionaux. Il a chaleureusement remercié, au nom des membres du jury, la ville de Pézenas et le Comité de l'Exposition pour leur bienveillant et cordial accueil.

M. Arnaud, vice-président de la Fédération méridionale du commerce des vins et spiritueux, adresse, au nom de la Fédération, ses félicitations à M. le Maire, à la ville de

et commissaire général de l'Exposition, offre, dans un très spirituel discours, ses remerciements et ses félicitations à tous les membres du Comité et en particulier à M. Chapel, maire, président, et à M. Alliès, secrétaire général de l'Exposition. « C'est, dit-il, à la collaboration amicale et dévouée de tous les membres du Comité que nous devons le succès de cette Exposition ».

Il lève son verre aux membres du jury, aux exposants, au Comité et à la ville de Pézenas.

Après le café, les invités se rendent au Palais des *Amis de Pézenas*. M. A.-P. Alliès, président de la société, leur en fait les honneurs. Il donne des renseignements explicatifs

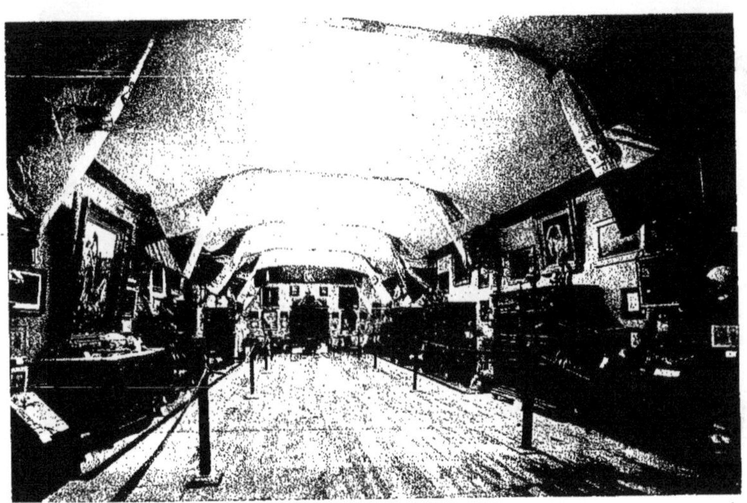

Palais des « Amis de Pézenas »
Vue d'ensemble de l'intérieur

Pézenas et au Comité, pour la belle manifestation agricole, commerciale et industrielle que présente l'Exposition.

M. Alliès, secrétaire général de l'Exposition, adresse à tous les convives, dont plusieurs sont d'anciens camarades de Collège, d'autres de bons amis, son salut plein de souvenirs et d'amitié. L'historien piscénois, auteur d'*Une ville d'États*, faisant passer au-dessus de tout le culte qu'il professe pour sa ville natale, adresse ses remerciements aux dévoués collaborateurs qui l'ont aidé à faire revivre Pézenas en recueillant les reliques d'un passé glorieux que renferme le Pavillon des *Amis de Pézenas*. Il invite tous les membres du jury à venir le visiter.

M. Pasquet, directeur départemental de l'Office agricole

sur la plupart des objets et des œuvres d'art exposés. L'enthousiasme des visiteurs fut tel que, sur la proposition de l'un d'eux, un ban fut battu en l'honneur du *cicerone*.

Le soir, le Commissaire général, directeur des Services agricoles, M. Pasquet, a fait une conférence publique dans l'enceinte de l'Exposition, sur l'utilisation rationnelle de tous les engrais chimiques et organiques, en particulier sur les sels de potasse d'Alsace.

A l'appui de ses explications, des films ont été projetés, montrant les résultats intéressants obtenus par l'emploi des engrais chimiques.

Des explications fournies par le professeur Pasquet, il semble résulter que si les Allemands avaient, avant la guerre, enregistré d'excellents résultats, ils le devaient à un emploi rationnel des engrais et en particulier de la potasse de Schzfurah.

De très nombreux films envoyés par le ministre de l'Agriculture, ont intéressé au plus haut point tous les spectateurs. Nous ne pouvons que féliciter ceux qui se sont donné la tâche de développer les progrès de notre agriculture méridionale et les administrations qui donnent à ceux-ci les moyens d'instruction.

Leur école avait d'ailleurs exposé des produits maraîchers et horticoles, faisant l'admiration des connaisseurs. Ils demandèrent au Président des *Amis de Pézenas* de leur faire l'explication du magnifique Musée local, renfermé dans un écrin architectural et artistique. M. A.-P. Alliès déféra à leur prière et en fut remercié par un ban formidable. Tous assistèrent au concert symphonique.

La journée se termina par un grand bal, entrecoupé de cinéma.

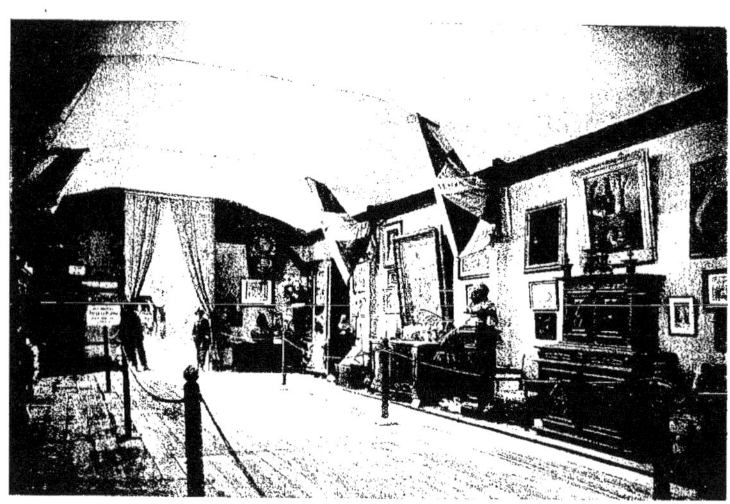

Palais des « Amis de Pézenas »
Intérieur (côté gauche)

Les Hospices. — Les Ecoles. — Les Mutilés

L'Ecole d'Agriculture

Dans la matinée du mardi 26 mai, l'Exposition reçut la visite des écoles publiques de Pézenas, Tourbes, Abeilhan, Servian et Mèze. M. Chapel, maire-président, et ses adjoints, MM. Massal, Laget et Laroze, accueillirent maîtres et élèves et leur firent visiter les stands et les pavillons. Les élèves des écoles libres, les institutions de charité, les orphelins de l'Hospice leur succédèrent dans la visite de l'Exposition.

L'entrée gracieuse fut également accordée aux Mutilés et Blessés de guerre qui se présentèrent nombreux. Le geste d'assistance et de bienfaisance du Comité fut très apprécié.

Dans l'après-midi, ce furent les élèves de l'Ecole d'Agriculture de Montpellier qui voulurent venir prendre à Pézenas une leçon de choses si utile à leur instruction technique.

La Journée de Mercredi

Elle ne se différencia guère des précédentes: même empressement du public, même enthousiasme, mêmes distractions. Les organisateurs de l'Exposition reçoivent de plus en plus les félicitations des visiteurs. Dans ce cadre magnifique de verdure, on a serti un vrai bijou, une miniature d'Exposition que bien de grandes villes envieraient. L'ordonnancement en est remarquable, la variété et la beauté des objets exposés, l'actif fonctionnement des machines et moteurs, la nouveauté de maints spécimens dans les stands des métiers, comme la rareté et l'importance des expositions de fleurs, de plantes, arbustes et produits maraîchers font l'admiration des visiteurs. Plus de quatre cents exposants, venus de tous les points du Midi, certains de pays plus lointains, participent à cette grande manifestation économique.

Le soir, il y avait foule. On avait annoncé, en effet, au programme la chorale *L'Avenir* et *Pézenas-Fanfare*, avec des projections cinématographiques.

Les chanteurs firent valoir leur science musicale et la clarté de leurs belles voix. Ils firent merveille. Certainement, cette magnifique phalange peut affronter les plus difficiles concours: elle soutiendra partout la renommée artistique du Midi. C'est un charme de l'entendre et le public traduisit ses sentiments par des applaudissement nourris et répétés.

Un identique accueil fut fait aux musiciens de *Pézenas-Fanfare*, dont les exécutions alternaient avec celles de l'orphéon.

cependant à nos seuls enfants. Mais les parents, comme les spectateurs, ne deviennent-ils pas de grands enfants lorsque leurs rires se mêlent à la joie des bébés!

Les voitures fleuries, les travestis originaux, les bannières artistiques se meuvent dans l'enceinte réservée aux petits maîtres du jour. Les costumes sont ravissants et riches. Une centaine d'enfants participent à la fête.

Mmes Pasquet, Chapel, Huc, Pétesque, Micheli, Thoulouze, etc. sont dans la tribune du jury. Le défilé s'accomplit dans un ordre parfait. Il faudrait citer tous les groupes, toutes les voitures, les masques isolés pour rendre justice à l'ingéniosité et au goût de chacun. C'était vraiment beau d'ensemble et de couleur: un papillottement des yeux.

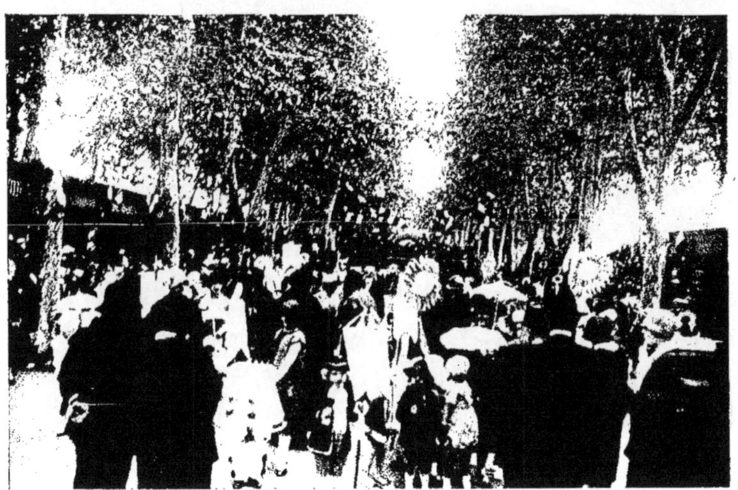

La Fête Enfantine

LES FÊTES ENFANTINES

C'est jeudi. Et la vague d'étrangers qui déferle sur Pézenas est aussi forte que le dimanche précédent.

Le général Martin, commandant le Corps d'armée, un ami fervent de notre cité à laquelle il témoigna son ardente sympathie à l'occasion des Fêtes du *Tricentenaire de Molière*, a voulu à nouveau revoir ses curieux édifices, ses hôtels privés riches d'architecture et d'ornements, ses quartiers pittoresques. Sous la conduite du Président des *Amis de Pézenas*, accompagné de son officier d'ordonnance, le capitaine Grange, il en visita les moindres détails.

Il se rendit ensuite à l'Exposition, envahie par une foule immense, avide d'assister aux réjouissances, promises

A l'issue du défilé, ces dames distribuèrent les récompenses: de superbes bannières bleu pâle, rose tendre, des soleils éblouissants, de petites ombrelles, des jouets, etc.

Les orphelins de l'Hospice, invités à la fête, reçurent aussi provision de gâteries. Ils participèrent au goûter servi à tout ce petit monde. Les maisons Aubert et Lavergne offrirent des rafraîchissements.

Enfin, aux sons de l'orchestre, les gentils bambins dansèrent jusqu'aux environs de sept heures.

La foule était à peine sortie qu'un violent orage éclata sur la ville. C'était le second depuis l'ouverture de l'Exposition: ce sera le dernier.

On pouvait craindre pour les représentations théâtrales du soir; mais, à 8 heures, la pluie avait cessé et les habitués reprenaient le chemin de la Promenade, toujours brillamment illuminée.

Cette fois, c'est le groupe *Comœdia*, composé de jeunes amateurs de la ville et dirigé par un véritable artiste d'âme et de talent, M. Casimir Pons, qui va interpréter *Popaul et Virginie*, la délicieuse pièce de Machard, sur laquelle Victor Latbey a écrit une musique légère et agréable. Elle fut précédée d'une pièce en un acte, du félibre Emile Barthe: *Cougourdou*, en vers languedociens, interprété à la perfection par M. Camille Pons et Mlle Bousquet.

les autres jours et qu'on pourrait admirer plus à l'aise. Le malheur, pour eux, c'est qu'un millier d'autres gens avaient fait le même raisonnement: on s'y écrasait.

Le soir, dans la féerie des illuminations, le Comité d'organisation offrait au public un Festival avec le concours de l'harmonie *La Concorde*, de la musique de la *Sainte-Cécile*, de Nézignan-l'Evêque et de la *Fanfare Piscénoise*.

Un programme sélect fut exécuté avec le brio, le talent qui ont fait la réputation de ces vieilles sociétés musicales. Le public leur fit une ovation.

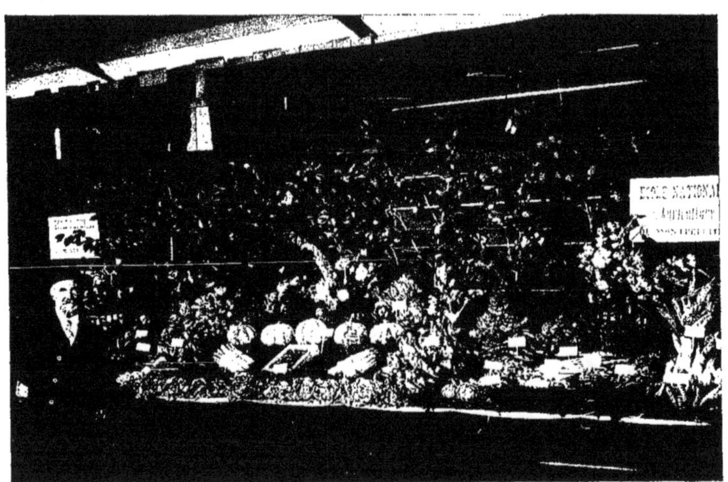

L'Exposition des produits maraîchers

Les spectateurs prodiguèrent des applaudissements frénétiques à tous ces jeunes artistes qui ont le culte des choses théâtrales.

LES PLAISIRS DE L'EXPOSITION

La matinée du vendredi était consacrée au concours de Fruits et Légumes de la Saison. On en vit, peut-on dire, de toutes les couleurs. Les plus beaux spécimens — et ils n'étaient pas rares, tant était belle cette présentation — enthousiasmèrent le jury qui adressa aux producteurs les plus chaleureuses félicitations.

L'après-midi, le Palais des *Amis de Pézenas* ne désemplit pas.

Les visiteurs pensaient qu'il y aurait moins de foule que

Le lendemain, on assista au concours de plantes maraîchères.

L'après-midi était réservée à nouveau aux enfants. On avait organisé, pour eux, un concours de *Trottinettes fleuries* et d'*Auto-Skifs*. Les concurrents étaient nombreux et les appareils délicieusement décorés. Certains se désignaient par leur originalité.

Pendant deux heures, on s'amusa aux efforts de toute cette jeunesse. On les encourageait par des applaudissements: on les excitait. Parfois des chutes jetaient la confusion. On riait, on se relevait et on repartait de plus belle.

Les lauréats reçurent des cadeaux, de petites pièces d'argent.

Le soir un grand bal entraînait encore, dans une joie folle, toute la jeunesse de Pézenas et des environs.

LE GRAND JOUR

L'ARRIVÉE DU MINISTRE DE L'AGRICULTURE

Le grand jour de l'Exposition: celui où le Ministre de l'Agriculture vient apporter à la ville de Pézenas les félicitations du Gouvernement de la République et donner la consécration officielle à cette grande manifestation du Midi en travail.

La Municipalité et le Comité de l'Exposition ont invité M. Durand à présider la cérémonie de la distribution des récompenses.

La ville a raffraîchi ses décors de fête. Plusieurs balcons offrent une délicieuse parure de fleurs. Elle s'éveille en ce clair matin de Pentecôte, au bruit des salves d'artillerie, au son des cloches qui jettent à toute volée sur les demeures et la campagne leurs chants joyeux.

De tous les trains, de toutes les avenues, en voiture, en auto, à pied arrivent les étrangers. Le soleil brille de ses plus chauds rayons, atténués par une légère brise qui fait flotter oriflammes et drapeaux.

Le Ministre, M. Jean Durand, qui a couché la veille à Montpellier, n'arrivera pas par la gare du Midi. Il empruntera les nouvelles voitures automotrices de la Cie d'Intérêt local, inaugurées le jour de l'ouverture de l'Exposition. L'heure officielle est onze heures.

Le Conseil Municipal, le Tribunal de Commerce, les corps constitués, les administrations, les fonctionnaires, le Comité de l'Exposition, les sociétés musicales et chorales avec leurs bannières, le Comité des *Amis de Pézenas*, s'acheminent vers la gare du Nord où un service d'ordre a été établi.

Avant de se rendre à l'Exposition, le cortège s'arrêtera devant la maison natale de Bernard Vigan, ingénieur en chef des Ponts et Chaussées des Alpes-Maritimes, au lendemain de l'annexion du Comté de Nice à la France, auteur de tous les grands travaux d'utilité publique et d'embellissements qui ont fait de cette région une des plus magnifiques du monde. Une plaque commémorative, apposée par les soins des *Amis de Pézenas*, sera officiellement inaugurée.

La municipalité et le Comité ont invité Mme Nollet, fille de l'ingénieur, le lieutenant Vigan, son petit-fils et son gendre, le général Nollet, ancien ministre, membre du Conseil supérieur de la guerre, grand officier de la Légion d'honneur, à assister à la cérémonie.

Ils doivent arriver avec le Ministre, qui les a aimablement conviés, au départ de Paris, à prendre place dans son wagon-salon.

A l'heure fixée, le train entre en gare.

La musique *La Concorde* joue la *Marseillaise*: toutes les têtes se découvrent. M. Jean Durand descend le premier, suivi de Mme Nollet, du général Nollet, de M. André Cornu, son chef de cabinet; de M. Guillon, inspecteur général de la Viticulture; de M. le général Martin, commandant le Corps d'armée, et du capitaine Grange, son officier d'ordonnance; de MM. Ducaud, préfet; Bougoin, secrétaire général; Ourmet, sous-préfet; Ricateau, Premier Président de la Cour d'appel; Casteil, Procureur général; Pelisse et Reboul, sénateurs; Barthe, Milhaud et Guilhaumon, députés; Nègre, ancien sénateur, président du Conseil général; Manceaux, procureur de la République; plusieurs conseillers généraux, notamment M. André.

M. Chapel, maire de Pézenas, entouré de ses adjoints et du Conseil municipal, souhaite la bienvenue au Ministre, à Mme et au général Nollet. Il leur présente ses collègues de l'assemblée communale, le Bureau du Comité de l'Exposition, M. Pasquet, Commissaire général, et les personnalités des *Amis de Pézenas*.

On sort de la gare, transformée en salon de réception et décorée de plantes rares, d'arbustes et de panoplies de drapeaux. Un tapis recouvre le sol.

Dès que le Ministre paraît sur le seuil, la foule applaudit et salue. Précédé d'une brigade de gendarmerie, des musiques et orphéons le cortège se met en marche. Le ministre a à sa droite le Maire de Pézenas; à sa gauche, le général Nollet.

M. A.-P. Alliès, Président des *Amis de Pézenas*, Secrétaire général de l'Exposition, donne le bras à Mme Nollet. Elle lui dit combien elle est heureuse de se retrouver dans sa ville natale, où s'est écoulée son enfance.

Le lieutenant Vigan, accompagné de son ami, le commandant Montagne, professeur à l'Ecole de Guerre, vient après sa tante.

Devant le Monument aux Morts, le Ministre s'arrête quelques instants et se recueille. Tout le monde se découvre.

Le cortège suit le même itinéraire que le jour de l'inauguration. La foule a envahi les larges trottoirs du cours Molière. On voit, à cet endroit, la suite du Ministre regarder avec intérêt les belles maisons de cette grande artère. On contourne la statue de la République, œuvre de Capellaro, et l'on arrive bientôt au carrefour des Halles, où se trouve, tout près, la maison natale de Bernard Vigan.

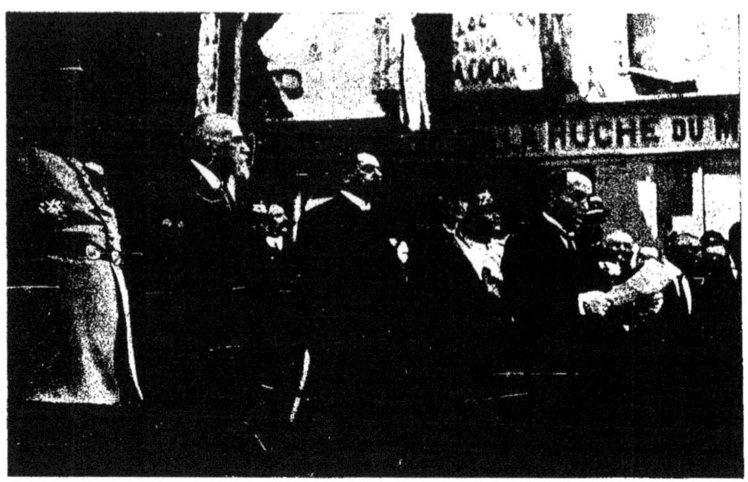

Hommage à l'ingénieur Vigan
De gauche à droite: le Général NOLLET; M. DURAND, Ministre de l'Agriculture:
M. CHAPEL. Maire: Mme NOLLET. née Vigan;
M. A.-P. ALLIÈS. Président des *Amis de Pézenas*, prononçant son discours; le Lieutenant VIGAN.

L'HOMMAGE DE PÉZENAS
A SON CONCITOYEN BERNARD VIGAN

On a pavoisé cette vieille demeure. située tout à côté dans l'antique rue Baratterie. Une guirlande de tenture est jetée à l'entrée de la rue.

Des fauteuils ont été disposés sur le trottoir. face à la place de la République, pour le Ministre et la famille Vigan-Nollet. La plaque découverte. offerte à la Ville par le Comité des *Amis de Pézenas*. porte cette inscription en belle gravure:

L'INGÉNIEUR B. VIGAN

EST NÉ ICI.

1836-1886

On se découvre. *La Concorde* joue la *Marseillaise*. Et aussitôt. M. A.-P. Alliès. Président du Comité d'Initiative. prononce le discours suivant:

DISCOURS DE M. A.-P. ALLIES
Président des Amis de Pézenas

A l'inauguration de la plaque commémorative de BERNARD VIGAN

MONSIEUR LE MINISTRE.

Nous vous avons prié de vous arrêter quelques instants au seuil de cette demeure modeste qui vit naître un des fils les plus éminents de notre ville. l'ingénieur Bernard Vigan.

Cet événement se produisit en décembre 1836.

Après avoir fait ses études au Collège de Pézenas, Vigan entra à l'Ecole Polytechnique à peine âgé de 18 ans. Il en sortit ingénieur des Mines. mais abandonna bientôt cette carrière pour se faire admettre dans les Ponts et Chaussées. Il débuta comme ingénieur à Perpignan qui lui doit l'adduction d'eau de la Têt.

Nommé ingénieur des Alpes-Maritimes en 1866. presque au lendemain de l'annexion du Comté à la France. c'est dans ce département que s'accomplit sa courte et laborieuse carrière.

Dans cette brève période. chaque année est marquée d'une œuvre grandiose signée de son nom.

La ville de Nice lui doit les embellissements qui en ont fait une figure merveilleuse se mirant dans la baie des Anges; le département, tous les grands travaux d'utilité publique que le gouvernement Sarde s'était trouvé impuissant à accomplir.

Son travail gigantesque fut l'endiguement de la rive gauche du Var complété par l'assainissement de cette vallée.

Le Var. torrent redoutable. emportait tout dans ses crues vertigineuses et ruinait tous les jours le magnifique delta de son embouchure. En se retirant. les eaux laissaient des mares pestilentielles où la malaria trouvait un terrain fertile à son développement.

Vauban disait du Var: « il est si fou et si fougueux que le profit qu'on pourrait en espérer n'égalerait pas la centième partie de la dépense qu'on en pourrait faire ».

Malgré tout son génie. Vauban faisait erreur: ce sera la gloire de Bernard Vigan de lui avoir donné un démenti.

A la suite de longues et minutieuses études. il est arrivé à maîtriser le Var dans sa partie inférieure autrefois la plus dévastée, à le contenir entre deux digues parallèles insubmersibles.

L'exécution de ce seul travail, justifierait, M. le Ministre, votre présence à cette cérémonie. Bernard Vigan, en effet, a rendu ainsi à l'Agriculture des milliers d'hectares de cette région dès lors assainie; et par la création d'une route carrossable le long du fleuve, il l'a mise en relation avec Nice.

Les Archives des Alpes-Maritimes conservent les *Mémoires* de Vigan sur cette œuvre que les géographes et les savants n'ont cessé d'exalter. Elle suffirait à immortaliser son nom si d'autres créations ne forçaient notre admiration.

Successivement, il réalisa de hautes conceptions: la construction de la gare monumentale de Nice, la création des jardins Masséna sur le Palion, celle du port de Menton et l'agrandissement du port de Nice, triomphant heureusement des difficultés spéciales aux entreprises maritimes.

Par des travaux d'irrigation, il alimente Nice avec les eaux de la Vésubie qu'il capte dans la cascade gracieuse de Gayraut.

Enfin, il est l'auteur de l'œuvre la plus belle de la Riviera française:

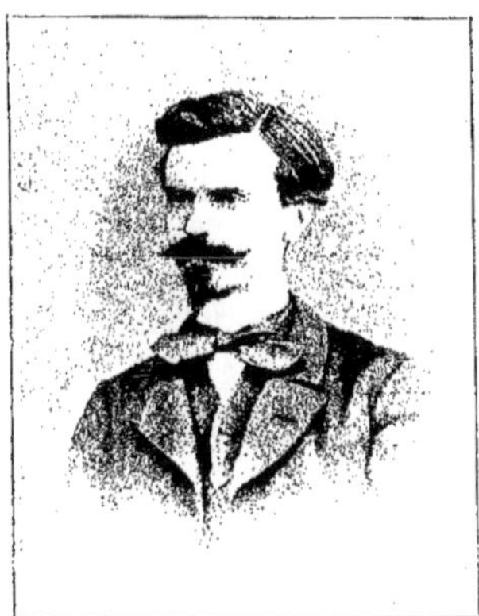

L'ingénieur B. VIGAN

la construction de la route du littoral de Nice à Monaco, doublant la grande Corniche qui passe au-dessus, sur le balcon des Alpes, pour aller rejoindre la Corniche italienne.

Combien d'entre vous, Messieurs, ont suivi en tramway cette route jusqu'à Monte-Carlo, sans se douter qu'elle était le fruit du génie d'un enfant de Pézenas.

Vigan a ouvert dans le granit de la montagne, au bord de la mer dont il suit les sinuosités, ce chemin qui va dans un véritable Eden jusqu'aux frontières d'Italie. Il traverse les jardins parfumés, semés de blanches villas, avoisinant ces cités dont les noms seuls éveillent l'enchantement: Saint-Jean, Beaulieu, Cap d'Ail, Eze, Monaco, Monte-Carlo, Menton.

Voilà, Mesdames et Messieurs, ce que fut l'homme que nous vous avons convié à célébrer en ce jour de fêtes historiques.

Vigan a honoré sa ville natale. Il aimait à venir s'y reposer au cours de ses brèves vacances. Je revois, dans mes souvenirs d'enfant, sa belle tête toujours pensive aux cheveux prématurément gris. Alors, j'ai mêlé mes jeux avec son fils, trop tôt enlevé à la science lui aussi. Nous nous sommes amusés sous la vieille halle, si pittoresque avec son chapeau de tuiles vertes. Pourquoi l'a-t-on démolie et changé l'aspect du quartier où nos yeux se sont ouverts à la lumière du jour?

A l'évocation de ces jours lointains, insouciants et heureux, vous pardonnerez à mon émotion.

Lorsque nous avons créé le Comité des *Amis de Pézenas* pour conserver à notre ville sa belle figure architecturale et pour honorer ceux de ses enfants qui ont déposé sur son blason une parcelle de renommée nous avons pensé tout d'abord à auréoler la mémoire de Bernard Vigan.

Son jour de gloire est arrivé. Pézenas qui fut son berceau, garde, suivant sa suprême volonté, son tombeau. Il y fut ramené un matin d'hiver en 1885, à 49 ans d'âge.

Les *Amis de Pézenas* remercient tous ceux qui ont bien voulu s'associer à cet hommage. Il salue respectueusement la fille de Bernard Vigan, Mme Nollet, son petit-fils, le lieutenant Georges Vigan, et le glorieux soldat, le général Nollet, qui a considéré qu'une telle figure de sa famille qui avait anobli la petite patrie lui imposait le devoir de bien servir la grande.

C'est dans une pensée de fierté et de gratitude que je vous offre, Monsieur le Maire, au nom des *Amis de Pézenas*, le marbre qui perpétuera le souvenir de Bernard Vigan.

M. Chapel, Maire de Pézenas, répond en ces termes:

DISCOURS DU MAIRE DE PÉZENAS

MONSIEUR LE MINISTRE,
MON GÉNÉRAL,
MADAME,
MONSIEUR LE PRÉSIDENT DES « AMIS DE PÉZENAS »,
MESDAMES, MESSIEURS,

Je reçois avec reconnaissance, au nom de la Ville, le marbre que la piété patriotique des *Amis de Pézenas* vient de sceller sur la maison natale d'un de nos concitoyens les plus distingués.

Bernard Vigan a mérité l'hommage de sa petite patrie. Vous venez d'entendre l'énumération des titres qu'il s'est créés à notre admiration par son labeur de grand Français.

Je vous remercie, M. le Président, de votre touchante pensée.

Je remercie Monsieur le Ministre de l'Agriculture d'avoir bien voulu présider cette cérémonie, à laquelle nous aurions voulu donner plus d'ampleur si le programme, un peu lourd de cette journée, nous l'avait permis.

J'ai à cœur de saluer le grand soldat, le Général Nollet, que nous considérons comme notre compatriote. J'adresse mes respectueux hommages à Madame Nollet et au petit-fils du Piscénois dont nous célébrons la mémoire, le lieutenant Georges Vigan.

Les applaudissements éclatent. Le général Nollet se lève et prononce, d'une voix forte ces quelques paroles:

DISCOURS DU GÉNÉRAL NOLLET

Au nom de la famille de Bernard Vigan, je remercie la population piscénoise de l'hommage qui est rendu à son concitoyen.

J'exprime notre gratitude à l'écrivain, M. Paul Alliès, toujours soucieux du renom de sa ville natale et fier de ceux qui l'ont honorée, qui a bien voulu en prendre l'initiative et le réaliser dans cette belle journée qui est la fête de la Démocratie et du Travail.

Je vous remercie, Monsieur le Maire, pour l'accueil si chaleureux qui nous est fait dans cette ville que vous administrez avec tant de dévouement, à laquelle nous attachent tant de souvenirs.

Monsieur le Ministre de l'Agriculture, je vous exprime ma reconnaissance pour avoir bien voulu présider cette cérémonie, qui nous émeut profondément.

J'adresse mon salut cordial à la Ville de Pézenas. Je la remercie encore une fois.

LE MINISTRE A L'EXPOSITION

Tandis que les musiques jouent, le cortège se reforme bâtivement, sous la direction du protocole qui presse la mise en marche. On oublie ainsi le chœur que l'orphéon l'*Avenir* avait préparé en l'honneur de Bernard Vigan. On se rend à l'Exposition où le Ministre de l'Agriculture est reçu par M. Pasquet, directeur de l'Office Agricole de l'Hérault, Commissaire général du Comité d'organisation.

M. Durand et tous les invités officiels passent un peu remonte par le perron sur le Pré. Il pénètre dans le Pavillon des Commissions, où l'attendent, pour lui présenter leurs revendications, tous les Présidents des Sociétés Agricoles du Département et de la Confédération Générale des Vignerons, notamment M. le colonel Mirepoix, président de la C. G. V. de Béziers; M. F. de Vulliod, de la Société Centrale d'Agriculture; M. Palazy, président de la Société Départementale d'Encouragement à l'Agriculture; M. Gau-

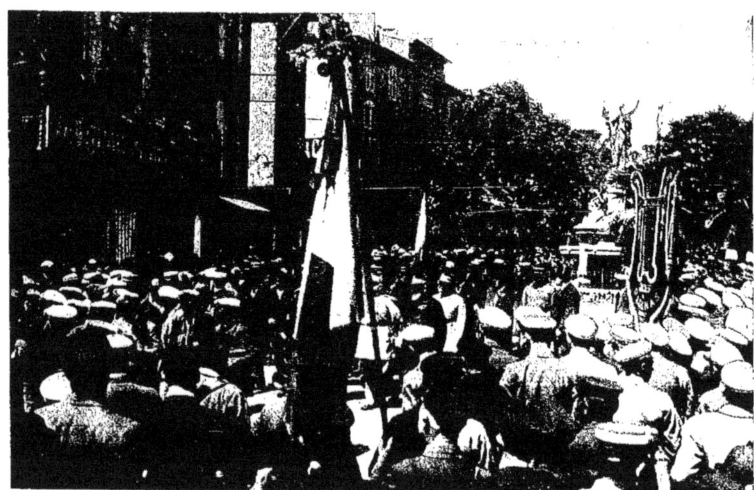

Le cortège ministériel, place de la République

rapidement devant les stands. Sous la voûte ombragée des magnifiques platanes, on prend un vif intérêt à cette visite.

Au Palais des *Amis de Pézenas*, le Ministre est reçu par M. A.-P. Alliès, Président, qui lui donne des explications sur les principales œuvres, les richesses réunies. M. Durand félicite chaleureusement M. Alliès qui l'invite, ainsi que sa suite, à signer le *Livre d'Or*, enfermé dans une artistique couverture et orné du très beau dessin de M. Guiraud, que nous avons fait servir comme frontispice au présent ouvrage.

Le cortège descend ensuite dans le parc des machines et jal, président du Comice Agricole de l'arrondissement de Béziers; M. A. de Crozals, du Syndicat Agricole de Béziers, etc., etc.

M. Palazy appelle l'attention du Ministre sur la situation particulièrement grave de la Viticulture. Il jette un cri d'alarme et demande qu'on ait en France une politique du vin. Il émet le vœu et l'ultime espérance que le Parlement et le Gouvernement sauvent la Viticulture. Jusqu'à présent, les remèdes ont été insuffisants. Il faut agir vigoureusement mais avec méthode.

Le colonel Mirepoix appuie les paroles de M. Palazy.

Le Ministre répond aux deux orateurs. Représentant d'un département viticole, il connaît la situation pénible de la Viticulture. Il dit ce qu'il a fait pour l'améliorer. Si cela se produit, il est certain qu'il n'en aura pas seul le mérite. Mais, si elle s'aggravait, il subirait seul toutes les colères.

LE BANQUET

Cette séance prend fin sur ces mots. Il est près d'une heure. On repasse par le vaste champ des machines pour se rendre au banquet. Il est servi dans les chais viticoles de la Maison Gondange, où trois cents convives sont déjà assis. La salle est tendue de draperies et décorée d'arbustes. Le menu est l'œuvre du traiteur Gayraud, de Montpellier. Le voici :

BANQUET

Offert a M. le Ministre de l'Agriculture

MENU

HORS-D'ŒUVRES
Feuilleté d'Anchois
Jambon glacé
POISSON
Langouste Mayonnaise
ENTRÉE
Médaillon de Veau Régence
ROTI
Poulet à la gelée Truffé
SALADE DE SAISON
DESSERT
Bombe Glacée à la Piscénoise
BISCUITS. — CORBEILLE DE FRUITS DU PAYS
VINS
Vin rouge Château de Lunes
Offert par M. Gaudion
Vin rouge Domaine de Saint-Nicolas
Offert par M. Genieys
Vin blanc de Villandrie
Offert par M. Maurel
Vin blanc du Château de Pinet
Offert par M. Gaujal
Picpoul de Pomérols, Domaine de Marchegais
Offert par M. A.-P. Alliès
Champagne de Neuville
CAFÉ
Eau-de-vie supérieure de Pézenas, 1863

A la table d'honneur prend place le Ministre de l'Agriculture, qui préside, ayant à sa droite : Mme la générale Nollet, M. Chapel, maire de Pézenas ; Pelisse, sénateur ; Barthe et Albert Milhaud, députés ; M. Guillon, inspecteur général de la Viticulture ; le général Martin, le général Richaud, commandant la division.

A la gauche du ministre : le préfet de l'Hérault, le général Nollet, ancien ministre de la Guerre ; MM. Guilbaumon et Railhac, députés ; Nègre, président du Conseil général ; Ricateau, premier président de la Cour d'appel ; le sénateur Reboul ; M. Casteil, Procureur général ; le lieutenant Georges Vigan.

Remarqué dans l'assistance : MM. les chefs de Cabinet du ministre et du préfet ; les sous-préfets de Béziers et de Saint-Pons ; le Secrétaire général de la Préfecture, M. Bougoin ; MM. Pasquet, Palazy, Mirepoix, Maurel, Alliès, Pétesque, Louis Huc, Joseph Gaudion ; le capitaine Grange, M. Blanc, ingénieur en chef du génie rural ; M. Girard, inspecteur des Travaux Publics ; M. Bène, M. Manceaux, Procureur de la République à Béziers ; MM. Bèzes et Fauquier, de la Compagnie d'Intérêt local ; M. Ravaz, directeur de l'Ecole d'Agriculture de Montpellier ; Me Desplats, M. Balsière, le commandant de gendarmerie Perrot, qui, d'ailleurs, a été présenté par le préfet au général Nollet, qui a reconnu son camarade de combat.

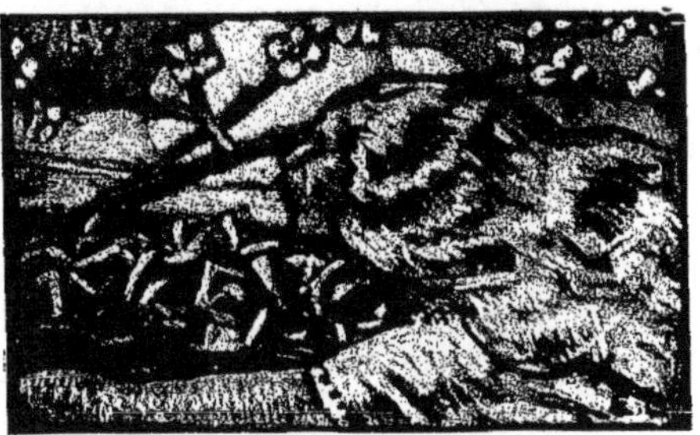

Emile BEAUME. — *Le Printemps*
(La Jeunesse. L'Avenir)

LES DISCOURS

A l'heure des toasts, le premier se lève M. Ducaud, préfet. Il adresse l'hommage de l'Assemblée et du Département au Président de la République.

Discours de M. CHAPEL

Le Maire de Pézenas, après avoir salué le représentant du Gouvernement et constaté le succès de l'Exposition, ajoute :

> Une note discordante vient, en ce moment, assombrir ce tableau. Cette population laborieuse et sérieuse, par les cours pratiqués, jette un cri d'alarme qui doit être entendu : le prix de vente n'est plus en rapport avec le prix de revient. Des mesures de protection s'imposent ; des voix, plus autorisées que la mienne, et journellement près de vous, ne manqueront pas de vous exposer nos craintes. Je ne doute pas un seul instant, Monsieur le Ministre, que vous n'essayiez, par tous les moyens en votre pouvoir, de conjurer le mal et d'éviter le retour d'une crise que nous avons connue, qui serait le désastre pour notre Midi, essentiellement viticole.

M. Chapel salua ensuite la mémoire de l'ingénieur Vigan et souhaita la bienvenue au général et à Mme Nollet.

Il termine en félicitant et remerciant tous ceux qui, de près ou de loin, ont contribué au succès de l'Exposition.

Ses paroles, simples et cordiales, sont couvertes d'applaudissements.

M. Maurel, président de la Section Piscénoise de la C.G.V., lit un discours substantiel où sont résumées les revendications de la Viticulture méridionale et les remèdes efficaces qu'on pourrait appliquer pour conjurer le danger qui la menace. Les convives soulignent de bravos le discours de l'orateur.

C'est avec cette fougue enthousiaste que nous avons applaudie, le jour de l'inauguration, que s'exprime encore aujourd'hui l'éminent président du Conseil général, M. Nègre.

Le président du Conseil général termine en levant son verre à Mme Nollet.

C'est un nouveau tonnerre d'applaudissements qui couronne la péroraison de ce bon et grand citoyen.

DISCOURS DE M. BARTHE

Au nom de ses collègues du Parlement, le député Barthe prend la parole en ces termes:

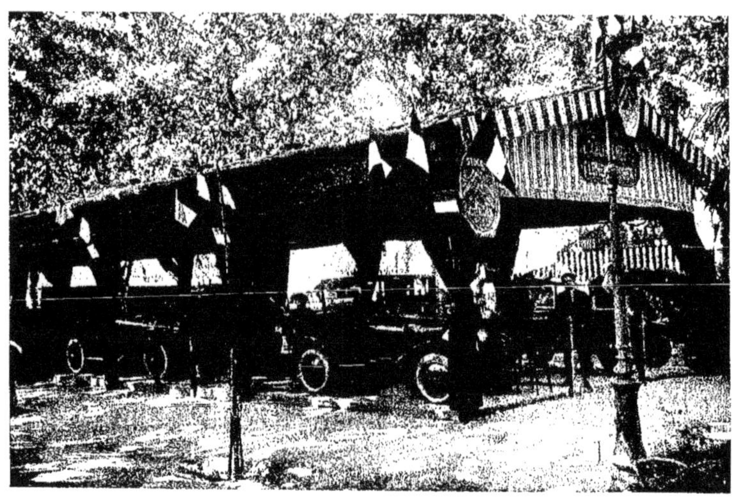

Pavillon des Automobiles

DISCOURS DE M. NEGRE

Au nom du Conseil général et du département de l'Hérault, il présente à Mme Nollet l'hommage de la population et cet hommage s'étend encore au général Nollet, un grand mutilé et un glorieux défenseur du pays.

Puis, s'adressant au ministre, M. Nègre souligne que le département de l'Hérault a toujours été à l'avant-garde de la Démocratie: il espère que le Gouvernement actuel sera toujours fidèle au principe que défend avec tant de gloire notre département.

Il fait l'éloge, ensuite, de MM. Alliès, Pasquet, Chapel, qui sont les vrais auteurs de l'Exposition si réussie de Pézenas.

M. Nègre rappelle au ministre les jours terribles qu'il a vécus en 1907:

Nous, Languedociens, nous disons au Ministre que nous sommes prêts à faire confiance au Ministre languedocien que vous êtes, par dessus tout.

Au nom de mes collègues, je félicite le Comité d'organisation de l'Exposition d'avoir mené à la perfection une œuvre que d'aucuns déclaraient impossible.

Lorsqu'à l'origine du projet, mon ami, M. Albert André, me demanda mon opinion, je l'encourageais, parce que je savais qu'à Pézenas on trouve toujours l'initiative et le dévouement qui permettent de réaliser les projets les plus difficiles.

Notre vieille cité a une lourde réputation à défendre. Ses rues calmes, bordées de belles et vieilles demeures, attestent le faste de son incomparable passé. Le souvenir de ses admirables fêtes d'antan est resté légendaire.

Le Comité d'organisation, aidé par votre Municipalité et par la population, a été à la hauteur des circonstances: qu'il en soit remercié.

Par votre manifestation, vous avez donné, une fois de plus, la preuve vivante de l'activité débordante de notre région méridionale. Vous avez excellemment profité de la collaboration de toutes les branches économiques du pays. L'Office Agricole, soutenu par nos grandes associations, a travaillé aux côtés des représentants les plus autorisés de l'industrie et du commerce: l'union de toutes ces forces nous aura permis de montrer la vraie figure de notre Midi.

La France a triomphé par les armes dans la plus barbare des guerres. Elle garde une éternelle reconnaissance à ses héros; mais elle sait que son salut exige qu'elle triomphe encore dans la bataille économique, aussi âpre que celle des champs de bataille.

Il faut produire dans les meilleures conditions pour, en diminuant le prix de revient, développer toujours la consommation, et augmenter encore nos ventes à l'étranger.

Des Expositions comme celle-ci nous permettent d'enregistrer les progrès accomplis.

La visite de votre pavillon du Commerce et de l'Industrie nous a montré que le bon goût de nos artisans fait que le produit français, toujours de bon aloi, ne peut être imité; que nos constructeurs sont toujours à l'affût pour perfectionner et simplifier le machinisme, aide indispensable de notre agriculture.

Nous vous remercions, mon cher Ministre, d'avoir bien voulu entreprendre un long et fatigant voyage pour venir, par votre présence, montrer l'intérêt que le Gouvernement de la République porte à cette manifestation.

M. Barthe expose alors la situation des viticulteurs du Midi et l'œuvre qu'il appartient au Parlement et au Gouvernement d'accomplir.

Il le fait avec l'autorité que lui donnent ses fonctions et une longue expérience des choses viticoles. On n'est point surpris de l'ovation que lui fait l'assemblée.

LE SÉNATEUR PELISSE

M. Barthe avait été délégué, dit-il, par les parlementaires de l'Hérault, pour être le porte-parole de la Viticulture.

Mais, en sa qualité de collègue, depuis longtemps, de M. Durand, le maire de Paulhan veut dire au Ministre sa joie de le recevoir à Pézenas.

En sa qualité de Piscénois, M. Pélisse fait l'éloge de la famille Vigan, car Bernard Vigan fut un génie, et Mme Nollet, autant que le général, peuvent garder une bien légitime fierté du nom de leur parent.

Et le sénateur fait un grand éloge du général Nollet, ancien ministre de la Guerre.

Puis il félicite tous les organisateurs d'une aussi belle Exposition, dont le succès ne le surprend d'ailleurs nullement:

Nous ne faisons rien à Pézenas que nous ne réussissions! (Bravo!)

Le sénateur Pélisse excuse ensuite les trois parlementaires de l'Hérault qui, empêchés, n'ont pu, à leur grand regret, assister à la cérémonie.

« Les Audois, dit l'orateur pour conclure, appellent M. Jean Durand le sénateur paysan ».

M. Pélisse veut boire à la santé du premier paysan de France.

Pelisse est l'enfant aimé de Pézenas. Il n'y connaît que des amis qu'attirent sa jovialité, son humour, sa franchise. Sa fidélité à son idéal politique ne lui a jamais aliéné la sympathie personnelle des membres des partis d'opposition. Aussi, c'est un crépitement d'applaudissements qui a entrecoupé sa magnifique improvisation.

LE GÉNÉRAL-MINISTRE NOLLET

Il se trouve mal placé pour célébrer Cérès et Pomone, car il n'a pas la langue d'Oc de nos poètes et de nos prosateurs.

Cependant il lui reste la faculté de célébrer les gloires de Pézenas, du Midi et de ses produits remarquables qu'il a pu largement apprécier au cours du banquet.

L'ancien ministre de la Guerre, avec humour, rappelle ses attaches avec Pézenas, puis il remercie tous ceux qui ont organisé pour lui un pareil accueil.

L'orateur est acclamé, un ban est battu, sur la proposition de M. Alliès, en l'honneur du « citoyen de Pézenas ».

A ce moment-là, la musique militaire de la 31e Division, qui vient d'arriver dans la cour de l'immeuble, exécute un très beau morceau en l'honneur du Ministre, du général Nollet et des convives.

Quand elle a fini, M. Jean Durand se lève. Un grand silence se fait. Toutes les têtes sont tournées vers lui. Les traits de sa figure, un peu grave, mais qui respire l'intelligence, la bonté et l'honnêteté, se plissent dans un effort de réflexion, de pensée grave. En effet, en un pareil jour, dans les circonstances difficiles qui marquent présentement la vie de la Viticulture méridionale, on comprend que des paroles décisives vont tomber des lèvres de l'homme qui a le redoutable devoir de faire accepter par le Gouvernement d'abord, le Parlement ensuite, les remèdes qu'il connaît bien, qu'on lui a répétés aujourd'hui, qui seront susceptibles de stabiliser enfin des cours normaux.

Voici un résumé de son discours:

DISCOURS DE M. JEAN DURAND
Ministre de l'Agriculture

Le Ministre de l'Agriculture, qui est un des plus ardents défenseurs du Midi, répond en ces termes:

MESSIEURS,

Mon ami, M. Barthe, a bien voulu rappeler, dès le début de son discours si substantiel, que j'étais un fils de terre languedocienne. Cela ne pouvait me faire plus de plaisir.

En t'écoutant, mon cher Barthe, dans ma mémoire sont venus chanter en foule les souvenirs de mon enfance. Oui! je suis le produit du sol de ces montagnes cévenoles. Oui! tout enfant, j'ai entendu et écouté le bruit du vent dans les forêts! Couru sous le soleil brillant dans les prairies herbeuses! J'ai écouté les clairs petits ruisseaux rieurs et chanteurs! J'ai trop écouté leur voix mensongère sur le chemin que mes pas ont suivi, et, au murmure de leurs eaux, je suis, avec elles, arrivé dans la plaine ensoleillée, remplie de vignes, du département de l'Aude.

Et voyez, Messieurs, ce que c'est que le hasard! Si j'avais suivi le petit ruisseau qui est un peu plus à l'est, de l'autre côté de la montagne, c'est dans l'Hérault que je serais descendu. Je puis donc vous appeler, Messieurs, mes compatriotes.

C'est pourquoi, mon cher Barthe, je voudrais que tu enlèves de ton discours le « vous » cérémonieux et officiel, afin qu'il soit bien entendu que, si le Ministre est ici comme représentant du Gouvernement, il y est surtout comme l'ami de toujours, je dirais: le frère affectueux, le compatriote dévoué de tous ceux qui sont ici.

Tu as bien voulu rappeler que j'ai fondé et présidé pendant de longues années le Groupe de la Défense paysanne à la Chambre des Députés. Je n'avais pas de soutien plus fidèle et plus averti que toi et tu sais combien ce Groupe a servi à la noble cause à laquelle tu t'es constamment dévoué: la défense de la viticulture.

Je ne doute pas qu'à l'heure actuelle ce Groupe, qui est le plus important de la Chambre, ne nous apporte l'appui de ses voix.

Ah! oui! tu le dis, et tu le dis très bien: je n'ai pas recherché le pouvoir; je l'ai refusé même. Lorsque M. Clemenceau m'avait prié d'entrer dans son Cabinet, je déclinai cet honneur parce que, pour y entrer, il m'aurait fallu abandonner en quelque sorte les idées qui m'étaient chères.

Je l'ai accepté aujourd'hui comme un devoir: devoir austère, devoir lourd, devoir difficile. Je savais, qu'en acceptant, les critiques, provenant d'espoirs injustifiés, m'atteindraient sûrement. N'est-il pas naturel, d'ailleurs, que ceux qui souffrent accusent le Gouvernement de leur souffrance. Et n'est-il pas naturel que les viticulteurs du Midi se retournent vers le Ministre de l'Agriculture, qui est des leurs, et lui disent: « Nous sommes misérables! Le vin qui nous coûte si cher à produire ne se vend ou se vend à perte! Vous êtes au Gouvernement, venez à notre secours! Faites-nous vendre notre vin! »

Et si ce résultat n'est pas acquis, je serais certainement celui vers lequel iront toutes les critiques et peut-être toutes les colères.

Je bois à votre Ville magnifique de gloire. Je bois au bon pinard de France... Je bois à la prospérité du Pays. »

Au cours de son discours, M. Jean Durand a fait connaître qu'il avait reçu, le matin même, à Montpellier, un télégramme de M. Caillaux, ministre des Finances, indiquant que le Gouvernement aura à la Chambre l'attitude demandée par le Ministre de l'Agriculture, au sujet de la grave question de la Viticulture.

Les convives, debout, font une chaleureuse ovation au ministre qui paraît ému d'une telle manifestation.

La musique militaire joue un dernier morceau, tandis que tout le monde se lève pour se rendre à l'Exposition, où doit avoir lieu la distribution des récompenses de la Prime d'honneur à l'Agriculture et aux Exposants.

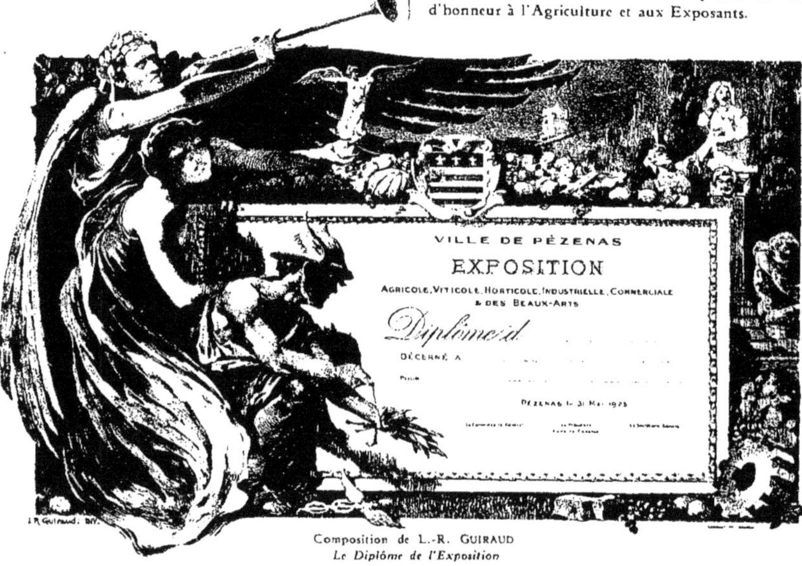

Composition de L.-R. GUIRAUD
Le Diplôme de l'Exposition

Je le comprends. Messieurs, et j'accepte d'avance ces critiques, et j'accepte ces colères. Oui! si dans l'action que j'entreprends en votre faveur, il m'arrivait d'avoir un peu de lassitude ou de défaillance, vous auriez raison de m'accabler.

Répondant alors aux préoccupations de tous les assistants, en même temps qu'aux discours des précédents orateurs, le ministre de l'Agriculture répète les importantes déclarations faites aux délégations viticoles en arrivant à l'Exposition. Il termine son discours en disant:

Je lève mon verre à vos représentants du Sénat, de la Chambre, du Département, à M. le Maire de Pézenas, au Conseil Municipal, à votre vieille et superbe ville dont la réception me touche profondément; à votre Préfet, qui plaide votre cause dans les rapports qu'il adresse au Gouvernement.

DISTRIBUTION SOLENNELLE DES PRIX

PRÉSIDÉE PAR M. JEAN DURAND
Ministre de l'Agriculture

LE 31 MAI 1925

Il est quatre heures. Tandis que le banquet ministériel retenait toutes les personnalités officielles, une foule immense, qu'on peut évaluer à 40.000 personnes, avait envahi notre ville. Tous les établissements publics regorgeaient de monde. Depuis les mémorables fêtes d'inauguration du monument de Molière, en 1897, on n'avait vu une telle affluence à Pézenas.

Les garages d'autos, les affenages, les remises n'ayant plus aucune place libre, les voitures étaient rangées en d'interminables théories le long des avenues.

Un soleil magnifique illuminait la ville en fête.

Les guichets de l'Exposition étaient pris d'assaut. Malgré l'ampleur de ses proportions, l'enceinte du concours ne suffisait pas à contenir la foule des visiteurs. Il fallut arrêter la vente des billets pour permettre au flot toujours grandissant de s'écouler vers les extrémités. L'estrade qui occupait le centre de la grande allée de la promenade était entourée d'une foule stationnaire considérable, avide d'entendre et d'applaudir le concert de la *musique divisionnaire*.

En remettant aux lauréats leurs prix ou diplômes, le Ministre leur adresse ses félicitations.

Cette partie de la cérémonie terminée, M. Jean Durand se lève et prononce le discours suivant:

DISCOURS DE M. JEAN DURAND
Ministre de l'Agriculture

Je ne puis que féliciter le Comité d'organisation d'avoir choisi Pézenas pour le siège de l'Exposition en 1925.

Ce choix a été déterminé sans doute par sa situation géographique, mais aussi par le charme et la gloire de son passé.

Toujours vêtue de sa robe de pierre et de ses collerettes de merveilleuse ferronnerie qui s'adapte à toutes les courbes d'une ligne en

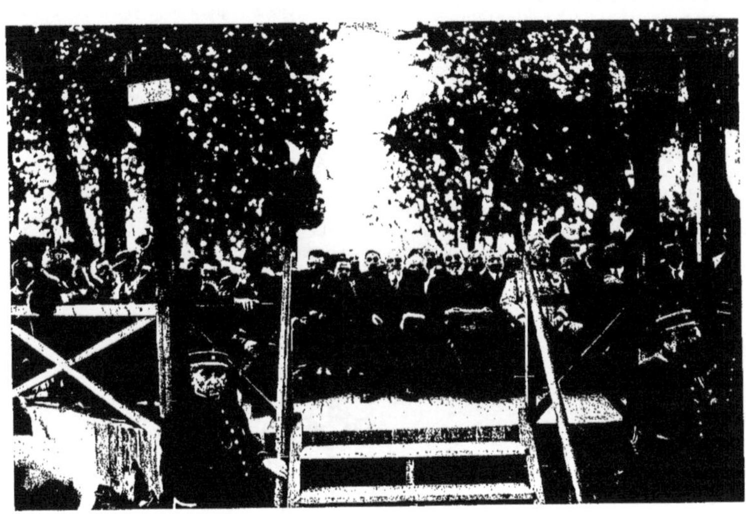

La Distribution des Récompenses
La tribune ministérielle

Mais lorsque l'on annonce la sortie du banquet, la police se préoccupe d'assurer au cortège ministériel l'accès de la tribune officielle, garnie de plantes, de fleurs et de panoplies de drapeaux. Le Ministre doit présider la *Distribution solennelle des Prix de la Prime d'Honneur*.

Tous les lauréats sont rangés au pied de l'estrade. La musique joue la *Marseillaise* lorsque le Ministre y prend place, entouré du général Nollet et de toutes les personnalités énumérées plus haut. Le docteur Marty, rapporteur du Palmarès, prononce un discours des plus applaudis. Ensuite, M. Pasquet, directeur de l'Office Agricole, donne lecture du palmarès des récompenses de la Prime d'honneur.

perpétuel mouvement, avec ses rues telles qu'elles étaient il y a plusieurs siècle. Pézenas porte en elle-même l'histoire de son passé brillant.

Assoupie peut-être, la ville de Pézenas est loin d'être morte. S'il en fallait une preuve, il suffirait de venir ici en ce jour, et remarquer cette Exposition si bien réussie et si complète qui fait honneur à la fois à ceux qui l'ont conçue et à ceux qui l'ont exécutée.

On a dit avec juste raison qu'on ne fait pas revivre le passé. Mais le culte du passé est un culte qu'il faut avoir, car il nous donne avec l'esprit de réflexion, d'analyse, le courage et l'exemple d'une vie plus active.

Cette Exposition démontre votre activité, votre labeur. Les hommes d'aujourd'hui valent ceux d'hier. La race n'a pas dégénéré. Le soleil qui luit sur ces terres fertiles, cet air lumineux, ce vent même de Cers, se sont toujours les mêmes choses qui hier étaient ici et qui y seront demain.

Hier comme aujourd'hui, comme demain, le viticulteur-chimiste ingénieux et subtil, continuera à enfermer les rayons du soleil dans les pampres des vignes. Ce vin merveilleux, rouge ou blanc, sort de la bouteille et tombe dans le verre et rappelle dans ce glouglou comme une chanson de cigale.

Les primes d'honneur et les prix culturaux qui vous sont décernés sont des récompenses que vous méritez amplement.

Je suis heureux d'avoir vu cet effort aujourd'hui et d'apporter à vous tous les félicitations du Gouvernement de la République.

Les paroles du Ministre sont couvertes d'applaudissements. M. Pasquet lit alors le palmarès des récompenses de l'Exposition. Lorsqu'il prononce en premier lieu ces mots: « Le Prix de M. le Président de la République est décerné au *Pavillon des Amis de Pézenas* à M. Alliès, président », un tonnerre de bravos éclate sous la voûte des arbres et se répercute jusqu'aux extrémités de l'enceinte. En lui remettant le Vase de Sèvres, le Ministre serre les mains de M. Alliès et lui dit: « Ce n'est point seulement pour l'organisation de cette belle Exposition que je vous félicite, mais pour tout ce que vous avez fait en faveur de votre cité. Je n'ignore ni vos patients efforts, ni vos travaux historiques. Je vous adresse les compliments du Gouvernement de la République ».

Très ému, M. Alliès remercie le Ministre de cet hommage si touchant.

La lecture du palmarès terminée, on se découvre une fois de plus aux accents de la *Marseillaise*, tandis que le Ministre, suivi des autorités, descend les degrés de la tribune. Le cortège sort par la Porte des Machines. Devant l'entrée de l'Exposition, des autos sont rangées.

LE DEPART DU MINISTRE

M. Jean Durand, accompagné de M. Cornu, son chef de cabinet, va passer la soirée et la journée de demain, au Grau d'Agde, dans la villa de Mme Cornu et de ses enfants.

Toutes les hautes personnalités se découvrent. M. Chapel, maire, adresse une dernière fois au Ministre les remerciements de la ville de Pézenas qui gardera le souvenir de sa visite. M. Alliès, secrétaire général de l'Exposition, lui dit à son tour les sentiments de gratitude du Comité d'organisation. Le Ministre remercie avec effusion. Il prie M. Chapel de dire à la population piscénoise sa reconnaissance et ses remerciements pour l'accueil qui lui a été fait.

Un dernier salut, et l'auto se dirige vers Agde. Les autres personnalités officielles regagnent ensuite leurs destinations respectives, tandis que le général, Mme Nollet et le lieutenant Vigan se rendent chez M. Alliès qui leur offre l'hospitalité de leur demeure.

A l'Exposition, l'orchestre symphonique a succédé à la musique militaire. L'animation en ville est des plus grandes. C'est la fin d'un beau jour.

Le soir, les illuminations sont féeriques. Le Théâtre de l'Exposition donne une représentation de *Guillaume Tell*, avec des artistes de l'Opéra. Elle a un plein succès auprès des milliers de spectateurs.

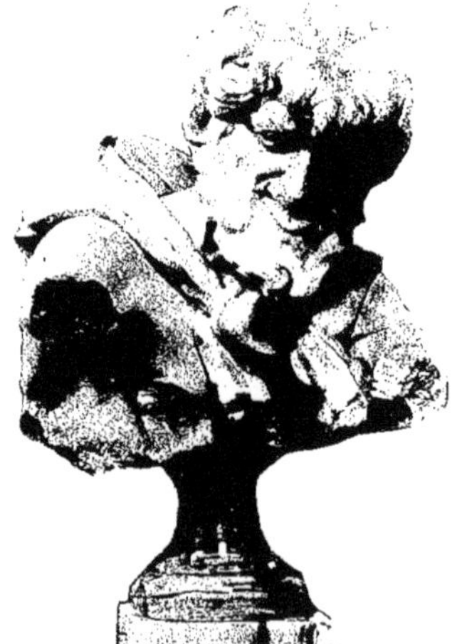

INJALBERT. — *Buste du « Faune » du Monument de Molière*

L'HOMMAGE DE PÉZENAS
A SON CONCITOYEN G.-F. VENEL

Le lundi de Pentecôte, la dernière journée de l'Exposition est consacrée à honorer le célèbre chimiste, Gabriel-François Venel, inventeur de l'eau de Seltz artificielle, collaborateur à la *Grande Encyclopédie*, professeur à la Faculté de Médecine de Montpellier.

Le Comité des *Amis de Pézenas* a voulu faire coïncider la commémoration de son second centenaire avec les fêtes de l'Exposition.

Né à Tourbes, pays de sa mère, Venel appartient à Pézenas par une longue lignée paternelle, par son enfance, sa jeunesse, qui s'y sont déroulées, par ses premières années d'instruction au Collège, par les séjours qu'il venait y faire fréquemment, et plusieurs de ses travaux et découvertes datés de son laboratoire de la rue de la Foire. Les *Amis de Pézenas* ont fait sceller une plaque de marbre sur cette vénérable façade, avec une inscription commémorative. Elle sera inaugurée en ce dernier jour de fête.

A TOURBES

Dès le matin, M. A.-P. Alliès, président, est allé recevoir, en gare de Paulhan, le délégué du Ministre de l'Instruction Publique, M. Caudrillet, inspecteur d'Académie; M. Thomas, professeur à la Faculté des Lettres, délégué de l'Académie des Sciences et Lettres de Montpellier; M. Delmas, professeur, représentant-délégué de la Faculté de Médecine, M. Faucon, représentant-délégué des Facultés des Sciences et de Pharmacie; M. Emile Bonnet, délégué de la Société Archéologique de Montpellier.

Place Bonnet-Mel, un service d'autobus, d'autos particulières, mises à la disposition du Comité, de voitures, assurent le service entre Pézenas et Tourbes et transportent la musique *La Concorde*.

A 10 heures, on arrive dans la cité natale de Venel. Aux personnalités déjà nommées se joignent MM. Barthe, député; André, conseiller général; Chapel, maire de Pézenas; des maires des communes environnantes; M. Razigade, conseiller d'arrondissement; M. Moulin, conseiller général; M. le commandant Barret, représentant de la Société Archéologique de Béziers; M. Pasquet, commissaire général de l'Exposition; MM. Massal, Laget et Larose, adjoints au maire de Pézenas; Balsière, Lacroux, Roque, vice-présidents des *Amis de Pézenas*; Pétesque, secrétaire général; Huc, trésorier général et président du Tribunal de Commerce.

Les invités sont reçus par le Maire de Tourbes et son Conseil municipal. Il fait un temps splendide. Le village est pavoisé. Par le boulevard et la Grand'Rue, on se rend en cortège, précédé du drapeau municipal et de la fanfare *Le Réveil de Tourbes*, à la maison natale de Venel.

Une plaque de marbre, rappelant cet événement (12 août 1723), a été apposée par les soins de la municipalité. Tandis que le voile est enlevé, *La Concorde*, de Pézenas, exécute la *Marseillaise*, qu'on écoute debout et tête nue.

Sur la tribune, pavoisée aux couleurs nationales, prennent place les personnalités citées plus haut.

M. A.-P. Alliès, initiateur de cet hommage, prend le premier la parole en qualité de Président du Comité des *Amis de Pézenas*. Il rappelle sa venue à Tourbes, il y a un mois, pour faire mieux connaître aux habitants la vie et l'œuvre de leur éminent concitoyen, le grand chimiste Venel. Il ne répétera pas tous les mérites du savant à la gratitude de la postérité. Il veut seulement apporter au Maire et à la population de Tourbes le salut fraternel des *Amis de Pézenas*, et, — il en demande l'autorisation à M. Chapel, — celui de la cité piscénoise tout entière. Il remercie chaleureusement le coquet village de Tourbes de son accueil cordial.

Les applaudissements ont à peine cessé que le Maire de Tourbes se lève pour lire un discours bien étudié et documenté, dans lequel il a inséré les divers actes municipaux contenant le nom de Venel et celui de ses parents maternels Hicher. En terminant, il remercie M. Alliès « d'avoir bien voulu rappeler que Venel est un enfant de Tourbes ».

C'est au tour du député Barthe à prendre la parole. Ses études professionnelles de pharmacien le qualifiaient plus que quiconque à parler du grand chimiste. Il l'a fait avec éloquence, rendant à tous les initiateurs de la fête de ce jour l'hommage qui leur revient. Il marque le geste de la société des *Amis de Pézenas*, geste noble qui l'honore. Le nom de Venel doit être lié à ceux de Lavoisier, de Cuvier, de Sabatier, de Berthelot, de tous nos grands chimistes dont il fut un des précurseurs les plus remarquables.

« Il fut un inventeur, il ouvrit la porte à la chimie moderne. Et si Venel a enseigné à Montpellier, on ne doit pas oublier que tous ses regards ont été attirés vers tous les coins de France; les eaux thermales ont retenu son attention et ainsi il a donné une application pratique à l'acide carbonique qui est, certainement, à la base de la théorie de la radio-activité, qui bouleverse actuellement la théorie scientifique.

» Venel nous a donné de grands enseignements, il nous a montré, par sa première découverte, tout ce qu'il y a de richesses cachées dans notre sol.

» C'est sous la formule de Venel que nous devons travailler pour nous libérer de l'étranger: carburant national, pétroles du pays, charbons, etc.

» Venel nous a montré qu'il fallait allier la science à la vie de la société, il faut suivre son exemple. C'est pourquoi, au nom des Parlementaires de l'Hérault, il affirme qu'ils travailleront pour la petite Patrie, à l'exemple de Venel ».

Une salve d'applaudissements accueille la péroraison de cette belle harangue.

Ensuite, le professeur Thomas, de la Faculté des Lettres, remercie, au nom de l'Université, les organisateurs de cette fête en l'honneur de Gabriel-François Venel.

Le vrai savant est un modeste, il travaille pour la science

L'harmonie *La Concorde* joue un des plus beaux morceaux de son répertoire. On applaudit les vaillants musiciens.

Ensuite le cortège se reforme pour se rendre, en une longue théorie et dans un silence impressionnant, au Monument aux Morts, œuvre de l'éminent sculpteur biterrois, Jean Magrou.

Le moment est solennel. Entre deux enfants des Ecoles, M. Caudrillet s'avance jusqu'aux degrés de la Statue du Poilu et dépose une superbe gerbe de fleurs, tandis que la sonnerie *Aux Champs*, par le *Réveil de Tourbes*, éclate dans l'air. Toutes les têtes sont découvertes: un dernier salut. Et

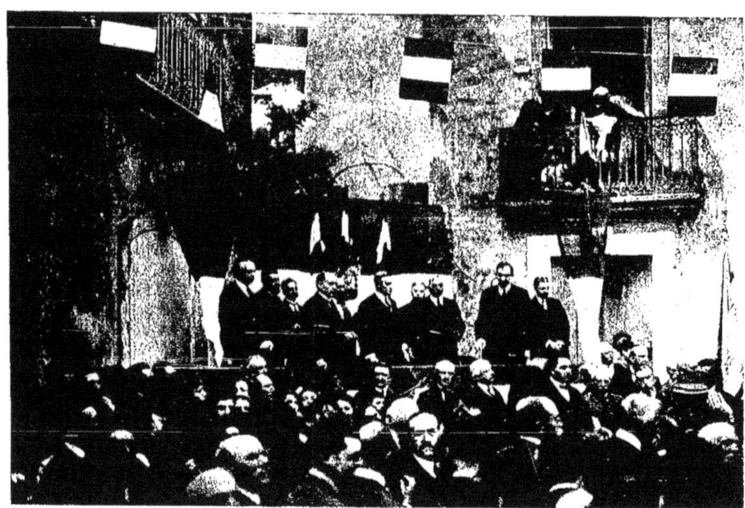

Fêtes de VENEL

A Tourbes. — Inauguration d'une plaque commémorative sur la maison natale de G.-F. VENEL.

et pour l'honneur — non point pour les honneurs — c'est pourquoi Venel ne serait pas peu surpris s'il revenait aujourd'hui à Tourbes.

Venel a été élevé et instruit dans la région languedocienne, il faut donc faire instruire les enfants dans les établissements de la région, où des maîtres, encore, consacrent toute leur activité à l'intérêt général.

Le Président de la cérémonie, M. Caudrillet, inspecteur d'académie, termine la série des discours. Il présente les excuses du Ministre de l'Instruction Publique et du recteur de l'Académie de Montpellier.

Pourtant, il veut dire toute son admiration pour Venel.

« Soyez fiers, habitants de Tourbes, dit-il en concluant, d'avoir eu dans votre village un ancêtre semblable qui est une des gloires de la pensée française ».

la foule se retire. Ainsi une pensée patriotique a été associée à cette fête de la Science et du Souvenir.

Sur le quai-promenade, plusieurs tables sont dressées. Elles sont émaillées de nombreux syphon d'eau de Seltz — l'eau de Seltz de Venel. Il n'y a point que cette boisson si justifiée en ce jour, cependant. La commune de Tourbes, en effet, a voulu offrir à ses hôtes, à tous les étrangers, à toute la population masculine du village, un apéritif fraternel. Elle a bien compris ses devoirs d'hospitalité: elle les a accomplis avec une libéralité généreuse à laquelle tout le monde se plaît à rendre hommage.

Tandis que les musiques rivalisent de talent et noient les visiteurs sous des flots d'harmonie, sur la Promenade ombragée coulent d'autres flots de rafraîchissements.

M. Alliès, d'une voix claire, salue une dernière fois la

population de Tourbes et la remercie de son accueil. Un ban formidable est battu en son honneur par des centaines de mains.

On va ensuite, en hâte, visiter la belle Eglise du village et quelques vestiges d'architecture, des portes Henri II, des voûtes gothiques, etc.

C'est fini. On s'en va radieux de ce charmant village, situé aux premières pentes de verdoyants coteaux, d'où une vue splendide s'étend sur la plaine de l'*Etang* et les collines de Castelnau.

A PÉZENAS

LE BANQUET

On arrive à Pézenas tout juste pour se mettre à table. Le banquet, offert aux hôtes de Pézenas, par le *Comité d'Initiative*, est servi, comme celui de la veille, dans les chaix Gondange, dans le même décor de tentures, de draperies, de plantes et de drapeaux.

M. Caudrillet, inspecteur d'académie, délégué du Ministre de l'Instruction Publique, préside, ayant à ses côtés M. A.-P. Alliès, président des *Amis de Pézenas*; M. Chapel, maire; toutes les personnalités qui ont assisté à la cérémonie de Tourbes; M. Astruc, juge au Tribunal civil de Narbonne; M. Pasquet, M. Gaudion, du Comité de l'Exposition; M. Lacroux, membre de la Chambre de Commerce; M. Huc, président du Tribunal de Commerce; quelques dames: Mmes Alliès, Pétesque, M. Joseph Alliès, M. H. Riquet, le Maire de Tourbes, les adjoints au Maire de Pézenas, M. Aubesquier, ancien adjoint.

MM. Barthe, député, et André, conseiller général, obligés de quitter la ville, se sont aimablement excusés auprès de M. Alliès.

Repas plein d'entrain et de bonne humeur, simple et amical. Il est servi par le *Pavillon Bleu*, de Montpellier. En voici le menu:

BANQUET

OFFERT A L'OCCASION DU II⁰ CENTENAIRE DE VENEL

NOTRE COMPATRIOTE

MENU

HORS-D'ŒUVRE
Beurre en coquille, feuilletés d'Anchois
Jambon Glacé
POISSON
Filet de Lotte Mayonnaise
ENTRÉE
Médaillon de Veau à la Clamart
ROTI
Poulet à la Gelée Truffé
CRESSON ET SALADE
DESSERT
Bombe Glacée Surprise du Pavillon
Petits Fours Fins
Corbeille de Fruits
VINS DU PAYS
CHAMPAGNE
CAFÉ

L'heure des toasts arrive, tandis que le champagne mousse dans les coupes. M. Alliès se lève. Au moment où vont se clôturer les fêtes de l'Exposition, il tient à exprimer toute sa gratitude à ses collaborateurs, les *Amis de Pézenas* qui, unis dans un esprit de concorde et d'admiration, ont voulu faire revivre les souvenirs de la vieille cité piscénoise et commémorer toutes ses gloires.

Il salue ensuite les personnalités officielles qui ont pris part à cette fête et demande aux conseillers généraux présents d'obtenir de l'Assemblée départementale l'appui qu'elle doit accorder à tous ceux qui veulent développer l'industrie et les arts régionaux.

Il offre l'hommage de la cité et du Comité de Venel à M. Caudrillet, le savant aussi modeste que distingué, délégué par le Ministre de l'Instruction Publique à la présidence de ces fêtes de la science. Il rappelle que M. Caudrillet est un membre fondateur des *Amis de Pézenas*.

Il exprime sa joie et sa fierté d'avoir à ses côtés quelques-

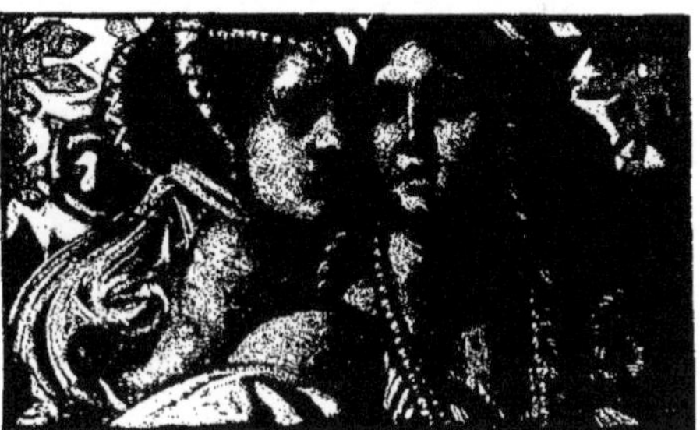

Emile BEAUME. — — *L'Automne suivant l'Eté*
(L'Age mûr. Le Présent)

uns de ses collègues de l'*Académie des Sciences et Lettres de Montpellier*, des *Sociétés Archéologiques* de Béziers et de Montpellier.

Il termine en exaltant Pézenas où, durant ces derniers jours, sont venus se réchauffer toutes les énergies méridiodes: le succès de l'Exposition est un sûr garant de sa prospérité.

Avant de s'asseoir, il remercie M. Chapel, maire, de sa sympathie et de son active collaboration à l'œuvre des *Amis de Pézenas*. Il évoque le souvenir de l'ancien maire Montagne, qui dirigea les destinées de la ville pendant vingt-cinq ans, et dont M. Chapel a repris les traditions administratives.

Enfin, dans une émouvante péroraison, M. Alliès chante toute la gloire et la beauté de Pézenas.

Les applaudissements ont à peine cessé que M. Chapel se lève. Il remercie M. Alliès et les cinq cents membres du Comité des *Amis de Pézenas*. Il salue le modeste et très savant M. Caudrillet et dit sa gratitude aux délégués de l'Université et des sociétés savantes de l'Hérault, présents à ces fêtes de l'esprit et de la science.

M. Moulin, conseiller général, promet au Comité d'Initiative l'aide financière de l'Assemblée départementale. M. Henry Riquet s'associe aux sentiments exprimés.

M. Caudrillet dit à son tour son admiration pour l'œuvre accomplie par les *Amis de Pézenas*. Il voudrait que chaque cité possédât un tel groupement qui, en évoquant les souvenirs du passé et les gloires de la petite patrie, prépare les esprits à travailler dans le présent pour la grandeur du pays tout entier. Le délégué du Ministre renouvelle sa sympathie aux populations de Tourbes et de Pézenas et les remercie de l'accueil qui lui a été fait.

Toutes les coupes se tendent et s'entrechoquent. Puis chacun se retire. On se hâte vers l'Hôtel de Ville, où doit se concentrer le cortège.

AU LABORATOIRE DE VENEL
Rue de la Foire

Précédé du drapeau municipal, de la *Fanfare Piscénoise* et de l'Harmonie *La Concorde*, qui jouent d'entraînants pas redoublés, le cortège se met en marche. M. Chapel, maire, et M. A.-P. Alliès, encadrent MM. Caudrillet, inspecteur, délégué du Ministre de l'Instruction Publique; Delmas, professeur, délégué de la Faculté de Médecine, et M. Faucon, professeur, délégué des Facultés de Pharmacie et des Sciences, en robe, ceinturés de soie, la poitrine chamarrée de décorations; M. Thomas, président, délégué de l'Académie des Sciences et Lettres de Montpellier; le commandant Baret, délégué de la Société Archéologique de Béziers, et M. Emile Bonnet, délégué, de la Société Archéologique de Montpellier. Suivent le Conseil municipal, le Collège, les administrations, le Tribunal, etc., etc.

Par le cours Molière, les Halles, la rue Saint-Jean, on se dirige vers la rue de la Foire, dont pas une pierre n'a bougé depuis neuf siècles, où se trouve le laboratoire de Venel.

Les *Amis de Pézenas* ont fait sceller sur la façade une plaque de marbre avec cette inscription:

MAISON ET LABORATOIRE
DE G.-F. VENEL
INVENTEUR DE L'EAU DE SELTZ
1723-1775
SES CONCITOYENS

Tandis qu'on découvre la plaque, *La Concorde* joue la *Marseillaise*. M. A.-P. Alliès, président, en quelques phrases improvisées, remet la plaque à la ville. Nous résumons de mémoire le

Discours de M. Alliès

Nous voici, Monsieur le Délégué de Monsieur le Ministre, Mesdames et Messieurs, au seuil de cette demeure qui renferme un peu de l'âme du grand savant que nous honorons en ce jour. C'est dans la paix, dans le calme de cette rue moyenâgeuse, que Venel aimait venir souvent, non point pour se reposer de ses travaux scientifiques ou des fatigues de son enseignement, mais pour y poursuivre et mettre au point quelques-unes de ses découvertes. Les Archives de Montpellier contiennent des études, des mémoires datés de son Laboratoire de Pézenas. Dans cette maison où naquirent et vécurent ses ancêtres paternels, longue lignée de médecins et administrateurs piscénois, il était heureux; il y termina

son *Mémoire sur les Eaux Minérales*. On a gardé le souvenir de ses longs séjours à Pézenas, du bien qu'il prodiguait autour de lui, des soins gratuits qu'il donnait à ses concitoyens malades.

Soyons fiers, Mesdames et Messieurs, de conserver dans l'écrin architectural de notre ville, cette vieille demeure où le génie de Venel créa des œuvres utiles à ses semblables.

Au nom des *Amis de Pézenas*, je remets à vos mains vigilantes, Monsieur le Maire, ce marbre qui évoque le souvenir et la gloire d'un des meilleurs enfants de notre cité.

DISCOURS DU MAIRE DE PÉZENAS

Au nom de la ville de Pézenas, je vous remercie, Monsieur le Président, d'avoir bien voulu sceller cette plaque et offrir à la cité le souvenir gravé d'un des plus nobles savants du XVIIIe siècle, précurseur de la Chimie Moderne.

J'accepte avec gratitude le don du Comité des *Amis de Pézenas* qui poursuit dans notre pays son œuvre si belle de réparation et de justice. Hier, c'était l'ingénieur Vigan; aujourd'hui, c'est le savant Venel, deux gloires piscénoises.

Soyez remerciés, Messieurs. La postérité gardera le souvenir de vos nobles efforts en faveur de Pézenas et de ceux de ses fils qui l'ont le mieux honorée.

De vifs applaudissements saluent cette belle péroraison.

La musique joue une *Ouverture de Concert*.

Ensuite, M. Faucon, l'éminent professeur de l'Université de Montpellier, improvise une magnifique harangue à la louange de Venel:

Discours de M. Faucon
Au nom de la *Faculté de Pharmacie et de la Faculté des Sciences*

L'Université de Montpellier, particulièrement les Facultés des Sciences et de Pharmacie, ne pouvaient demeurer à l'écart de l'hommage que la noble cité de Pézenas rend en ce jour à l'un des savants les plus célèbres de son époque.

Venel nous appartient. La *Grande Encyclopédie* renferme tous ses articles scientifiques. Diderot et d'Alembert donnaient du prix à sa collaboration.

Venel avait pris les leçons du célèbre Rouelle, à Paris; mais son esprit curieux et audacieux, sa divination géniale dans les expériences de Chimie, dépassaient souvent l'enseignement du maître.

Ses travaux sur les *Eaux Minérales*, notamment sur les *Eaux de Passy*, devaient mettre Venel dans la pleine lumière. Il jouit très vite d'une réputation mondiale. Elle ne fut point diminuée par son élection à une chaire de la Faculté de Médecine de Montpellier.

Mon collègue et ami, M. Delmas, vous dira tout à l'heure, Mesdames et Messieurs, ce que fut son enseignement.

Je veux ici me borner à rappeler le souvenir des travaux qu'il data de cette maison, de ce Laboratoire où il força la Nature à lui révéler ses secrets.

Ainsi travaillait-il à alléger le fardeau qui pèse sur l'Humanité, à amoindrir ses souffrances, à ouvrir au prochain des voies plus solides, plus unies. Il donna particulièrement un plus grand développement aux eaux hydro-minérales du pays et assura leur application à la thérapeutique.

C'est un honneur pour vous, habitants de Pézenas, de posséder le foyer des recherches d'un tel savant. Soyez-en fiers! Et que soit honoré le geste des *Amis de Pézenas* qui en ont marqué la place par le marbre que nous inaugurons.

On applaudit chaleureusement cette improvisation.

M. le capitaine de vaisseau Baret parle le dernier, au nom de la *Société Archéologique de Béziers*.

DISCOURS DE M. LE COMMANDANT BARET

Au nom de la Société Archéologique de Béziers

Le Comité des Amis de Pézenas a voulu que la Société Archéologique de Béziers puisse s'associer à l'hommage de reconnaissance que le pays rend aujourd'hui solennellement à l'un de ses fils disparus.

Par ma voix, la Société Archéologique remercie d'abord les *Amis de Pézenas* d'avoir pensé qu'une manifestation en l'honneur de Gabriel-François Venel, ne devait pas la laisser indifférente.

Comme eux, en effet, la vieille société biterroise a le souci de paix de notre beau pays languedocien, le culte de tout ce que ce passé présente de noble et de grand. Comme eux, elle s'efforce et s'efforcera toujours de conserver vivant le souvenir des hommes dont ce pays est fier à juste titre; comme eux, enfin, elle considère comme son devoir le plus absolu de tirer d'un injuste oubli la mémoire de ceux qui, par leur caractère, leur science, par les services qu'ils ont rendus, les progrès qu'ils ont pu faire réaliser dans la suite des temps, par les œuvres artistiques qu'ils ont créées, doivent recevoir les témoignages de notre reconnaissance.

Et certes, Venel est bien un de ces hommes! Vous le savez aujourd'hui.

Mais que dirai-je de plus sur Venel que vous n'ayez déjà entendu aux différentes étapes de cette belle journée de glorification. Des voix plus autorisées que la mienne vous ont montré la magnifique carrière d'homme et de savant de votre glorieux compatriote, la dignité et la simplicité de sa vie, son amour pour le pays natal, sa vaste intelligence, ses recherches scientifiques couronnées de succès éminemment pratiques. Ce matin on vous a fait toucher du doigt, si je puis ainsi parler, les immenses services rendus par le savant.

Que pourrai-je ajouter aux paroles éloquentes que vous avez applaudies parce qu'elles étaient l'expression de vos sentiments eux-mêmes, l'élan de votre reconnaissance émue envers un des plus glorieux fils de Pézenas?

Les hommes ont parlé, ne serait-ce point aux choses à parler à leur tour? Car les choses pensent, les choses voient, et à qui sait les entendre les choses parlent. Et en l'honneur des hommes qui ont su les comprendre, qui ont su les façonner, leur donner de la vie, elles savent, elles aussi, trouver les accents de reconnaissance. Voulez-vous qu'ensemble nous écoutions parler les choses?

Ce verre d'eau de Seltz sur notre table, nous parle de Venel: le gaz qui se libère, avide d'espace, l'eau qui mousse et qui pétille, tout cela est une chanson, tout cela est un hymne léger en l'honneur du savant piscénois. Et cette chanson délicate est l'expression de la reconnaissance de l'eau qui se glorifie d'être, grâce à Venel, devenue comme semblable aux nobles vins de Champagne ou d'Anjou.

Ce poêle modeste qui rougeoie et qui ronronne l'hiver dans la pièce familiale, ce poêle qui crée l'atmosphère intime et douce où le corps peut se détendre et l'esprit travailler, ce poêle lui aussi chante la louange de votre savant compatriote. Il nous raconte en son langage les efforts de Venel pour convaincre nos aïeux sceptiques et persifleurs que la pierre pouvait brûler sans danger pour celui qui l'emploie, pouvait lui apporter un confort insoupçonné jusque là, lui faire entrevoir des possibilités infinies.

Ce verre d'eau qui pétille sur la table, ce poêle qui rougeoie et ronronne dans la pièce familiale nous convient à perpétuer le souvenir de celui qui a su en faire des choses vivantes. Ces objets familiers, quotidiens, nous engagent à glorifier avec eux Gabriel-François Venel.

Gloire donc à Venel, fils glorieux de Tourbes et de Pézenas. Qu'à la suite de cette journée de réparation et d'exaltation, le souvenir de Venel reste vivant dans ses œuvres. Gloire aussi aux *Amis de Pézenas* d'avoir eu la volonté agissante de tirer hors d'oubli le souvenir du savant Venel. Gloire aux *Amis de Pézenas* d'avoir su organiser et réaliser une manifestation aussi grande, aussi large, aussi réparatrice de notre reconnaissance envers lui.

Gloire enfin à Pézenas d'avoir le culte de ses fils glorieux.

Soyons reconnaissants à cette ville de Pézenas, qui a brillé d'un si vif éclat dans l'histoire de notre pays, d'avoir su conserver son caractère des siècles passés, d'offrir à nos yeux charmés les merveilles de son art délicat et si noblement français.

Des bravos nourris saluent ce magnifique discours.

La Concorde joue ensuite une *Marche Triomphale*. M. Alliès remercie les sociétés musicales de leur précieux concours à ces fêtes.

LA CEREMONIE
DU SECOND CENTENAIRE DE VENEL

Ensuite le cortège se reforme pour se rendre à l'Exposition par la rue de l'Ancienne-Boucherie, la vieille place de

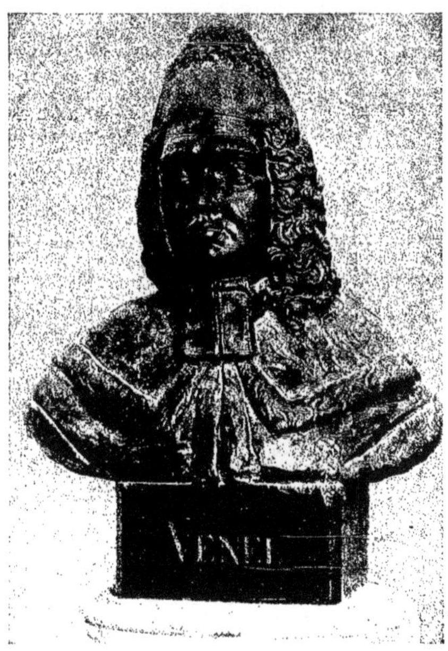

Buste de G.-F. VENEL.
(Faculté de Médecine de Montpellier)
Erigé dans les Jardins de l'Exposition

l'Ancien-Hôtel-de-Ville, la place du 14-Juillet et l'avenue du Pré-Saint-Jean.

L'entrée a lieu par la Porte Monumentale et le Grand Perron de l'Exposition. L'enceinte du Pré est envahie par une foule immense. D'un massif de verdure, de plantes et de fleurs émerge le buste de Venel, coiffé du bonnet de docteur, que la Faculté de Médecine, où il est érigé depuis 80 ans environ, a bien voulu prêter au Comité d'organisation. A l'autre extrémité, tranchant sur la couleur noire de cette image, l'œil est arrêté par la blancheur du marbre de Molière, œuvre de l'illustre maître Injalbert.

L'ombre des platanes abrite le public des chauds rayons du soleil. A la chanson des cigales, tandis que le nombreux cortège se presse sur la vaste tribune, va se mêler la voix des orateurs.

C'est encore M. A.-P. Alliès, dont c'est le quatrième discours depuis ce matin, qui va ouvrir la série des harangues en sa qualité de président des *Amis de Pézenas*, initiateur de la célébration du second centenaire de Venel.

DISCOURS DE M. A.-P. ALLIES

Président des *Amis de Pézenas*

MONSIEUR LE DÉLÉGUÉ DE MONSIEUR LE MINISTRE,
MESDAMES,
MESSIEURS,

L'heure de la justice et de la reconnaissance humaine sonne aujourd'hui pour le grand savant que les *Amis de Pézenas* ont voulu remettre en lumière. Il fut illustre de son vivant. Ses découvertes, ses travaux, son génie le mettent au rang le plus élevé des précurseurs de la chimie moderne.

C'est un glorieux enfant de Pézenas que nous célébrons aujourd'hui. Si nous avons modifié notre idée première de faire cette cérémonie au Collège même où Venel fit toutes ses études, dans le vieil établissement des Oratoriens qui garde l'écho assoupi des voix illustres de ses professeurs: les Massillon, les Barème, les Thomassin, les Mascaron, c'est que nous avons voulu donner à cette commémoration le cadre de beauté de l'Exposition et clôturer en une apothéose la grandiose manifestation du Midi en travail qui se déroule sous les ombrages du Pré Saint-Jean.

Venel, homme de progrès, dont toute la vie ne fut qu'un long labeur, eut certainement aimé voir sa chère ville de Pézenas, où sa famille paternelle avait jeté de lointaines et puissantes racines, abriter pour quelques jours les représentants autorisés de l'Agriculture, du Commerce et de l'Industrie et offrir aux foules le spectacle vivifiant de l'effort humain.

L'Agriculture était l'objet de ses travaux favoris. Il possédait dans les environs de notre ville une campagne où il se plaisait à expérimenter ses méthodes de chimie. On les trouvera dans la *Grande Encyclopédie* dont il était un des plus éminents collaborateurs et dans ses *Mémoires sur les Végétaux*, lus à l'Académie des Sciences.

N'est-ce pas lui qui a, le premier, pénétré et révélé le secret de la nature sur la couleur verte des plantes?

Le souvenir de Venel appartiendra donc un peu à cette Exposition.

Je voudrais, Mesdames et Messieurs, suivre pas à pas l'ordre chronologique de ses travaux, de ses découvertes. Je préfère laisser vagabonder ma pensée.

Venel descendait d'une famille de médecins établis à Pézenas depuis plus d'un siècle. Son père, qui administra la Ville pendant quelques années, l'éleva dans les goûts de la Médecine. Ses études au Collège terminées, il l'envoyait à la Faculté de Montpellier, qui lui donnait le bonnet de docteur à 18 ans à peine.

Mais ses penchants le portaient vers la chimie. Il alla suivre à Paris les cours du fameux Rouelle, qui discerna vite en lui un disciple exceptionnellement doué. Venel pénétrait le secret des expériences de son professeur, quelque peu ombrageux. Rouelle l'avait surnommé le *Démon du Midi*, en raison de la vivacité de son esprit, de sa curiosité éveillée et perspicace.

Le Duc d'Orléans se l'attacha d'abord comme Directeur de son cabinet de chimie, ensuite comme médecin. Il fut chargé d'étudier et d'analyser les eaux minérales de Passy. Son Mémoire sur ce travail, lu à l'Académie des Sciences, le mit désormais en pleine lumière. Il fut nommé par le Gouvernement inspecteur général des eaux minérales de France. Ce fut le point de départ de ses découvertes et aussi l'au-

rore d'une renommée universelle. Il publia successivement le résultat de ses Analyses. En 1750, à 27 ans, il découvre le principe de l'Eau de Seltz artificielle; il le communique à l'Académie des Sciences, en un *Mémoire* chargé de traits acérés contre plusieurs chimistes de ses contemporains, notamment le célèbre Frédéric Hoffmann.

Désormais, le nom de Venel est célèbre en Europe. Il est en relations avec tous les savants et les écrivains de son temps: de Malesherbes, Buffon, Lavoisier, Condorcet et tant d'autres.

Diderot et d'Alembert lui offrent de devenir leur collaborateur à la *Grande Encyclopédie*. Tous les articles de Chimie, de Médecine, de Pharmacie, de Physiologie lui appartiennent. Il s'y révèle écrivain de génie, homme de progrès audacieux et libre de pensée. Chacun d'eux pourrait être la matière d'un ouvrage. Tout s'y trouve d'un enseignement profondément personnel, original et vivant.

En 1758, il postule et obtient au concours la chaire du professeur Sérane, devenue vacante à la Faculté de Médecine de Montpellier.

Désormais, Mesdames et Messieurs, Venel appartient plus intimement au Languedoc, surtout à Pézenas. Il avait un laboratoire dans la maison paternelle de la rue de la Foire, où nous venons de retrouver, il y a quelques instants, un peu de son souvenir, flottant sur les vieilles pierres de ce quartier moyenâgeux.

Les archives de l'Hérault gardent des pièces datées de son laboratoire de Pézenas. Il venait, autant qu'il le pouvait, se reposer dans cette paisible demeure de son enfance, du tumulte de son enseignement médical qui groupait autour de sa chaire tous les étudiants, surpris et avides de cette pensée hardie et neuve. Il dut, à leur demande, ouvrir en ville un cours de chimie, sa matière favorite.

Les Etats Généraux du Languedoc lui confient des missions techniques. Il les accomplit avec sa maîtrise habituelle. Nous pouvons lire ses Mémoires, son livre amusant sur les avantages du chauffage à la houille, à peu près inconnu dans la Province, à un moment où une pénurie de bois se révélait.

Le Gouvernement l'avait chargé de reprendre ses Analyses des Eaux Minérales, et il mettait à Pézenas la dernière main à ce travail, que le monde scientifique attendait impatiemment, lorsqu'il sentit les atteintes du mal qui devait l'emporter. Transporté à Montpellier, ses collègues de la chirurgie et de la médecine épuisèrent leur science pour le sauver: vainement, Venel mourait peu de jours après, le 29 octobre 1775. Ce fut un deuil public. Les Etats du Languedoc voulurent assister en corps à la séance solennelle de la Société Royale des Sciences, au cours de laquelle le Secrétaire perpétuel, M. de Rattes, prononça son panégyrique.

Je ne veux en extraire que les quelques lignes rappelant l'affection de Venel pour Pézenas: « Il était, disait-il, bon parent, bon ami et très attaché à son pays, dont il faisait volontiers les honneurs aux étrangers. Il parlait de Pézenas avec complaisance et s'en rendait souvent le panégyriste. Il fit un logogriphe dont le nom était *Pézenas*. Il avait trouvé le secret d'y placer tout ce qui pouvait relever la gloire de cette ville et n'avait pas oublié que c'était là que *Molière* avait déployé les premiers essais de son merveilleux talent... »

A l'extrémité de cette promenade se dresse le marbre que la ville de Pézenas a édifié au grand poète comique, qui a déposé sur son blason une gloire immortelle.

Voilà, à nos pieds, sur sa gaine, l'image de Venel.

Que ces deux grands noms qui appartiennent à l'histoire de notre Cité soient désormais confondus dans une même gratitude, une même admiration.

C'est le tour de M. le professeur Thomas qui parle sans notes, avec l'humour qu'on lui connaît, comme président de l'Académie des Sciences et Lettres de Montpellier.

DISCOURS DE M. A. THOMAS

Notre place était ici. Nous avons été heureux d'accueillir l'invitation des *Amis de Pézenas* à venir saluer dans sa patrie le professeur Gabriel-François Venel, un des maîtres les plus savants de la Chimie et de la Médecine.

Il fut nôtre, Mesdames et Messieurs. La *Société Royale des Sciences*, reconnaissant sa valeur scientifique, le mérite de ses travaux, la beauté de ses découvertes, son lumineux enseignement, le génie de son esprit, n'avait point tardé à le recevoir au nombre de ses membres qui comptaient parmi les savants les plus éminents du Languedoc.

Sa douleur fut immense lorsqu'elle apprit la nouvelle de sa mort. Il avait à peine 52 ans. Elle fit célébrer un service solennel auquel les députés aux *Etats du Languedoc* qui avaient chargé plusieurs fois Venel de missions scientifiques voulurent assister.

Ils furent également conviés à la séance solennelle de l'Académie au cours de laquelle, M. de Ratte, secrétaire perpétuel, prononça l'*Eloge de Venel*. Il y notait particulièrement son affection pour Pézenas où il aimait tant revenir pour s'y reposer et travailler plus encore.

Venel ne fut pas ébloui par les attraits de Paris. Il eût pu y faire une carrière sinon plus retentissante, du moins plus chargée d'honneurs. L'*Académie des Sciences*, dont il était à Montpellier membre correspondant, l'aurait certainement élu s'il eût vécu auprès d'elle. Mais il préférait son pays natal. De cela, Mesdames et Messieurs, ayons gratitude à Venel parce qu'il marqua ainsi qu'on pouvait être utile à la patrie hors de Paris et s'y montrer autant que là un grand et merveilleux esprit.

En séjournant à Pézenas le plus souvent qu'il lui était possible, en y mettant la main aux derniers travaux, fruits de son génie, en venant y vivre les derniers jours de son existence, Venel a affirmé sa grande affection à sa ville de prédilection, au pays de ses ancêtres.

L'Académie de Montpellier vous adresse ses compliments pour avoir évoqué ces souvenirs avec tant d'éclat.

Après cette harangue, la musique joue un morceau.

Ensuite, M. le docteur Blanc, au nom du corps médical et pharmaceutique de Pézenas, s'avance devant le buste et prononce ces quelques paroles

DISCOURS DU DOCTEUR BLANC
Au nom du Corps Médical et Pharmaceutique de Pézenas

MONSIEUR LE DÉLÉGUÉ DU MINISTRE,
MESDAMES,
MESSIEURS,

Il a paru aux organisateurs du Centenaire qu'il manquerait quelque chose à cette cérémonie si les médecins de Pézenas ne venaient porter leur hommage à celui qui, en 1742, reçut le diplôme de docteur de l'Ecole de Médecine de Montpellier.

Venel était fils et petit-fils de médecins, et son frère exerça dans notre ville, jusqu'au milieu de la Révolution. Il est permis de penser que c'est au foyer familial que naquit chez lui la vocation médicale.

Sans doute, médecin du Duc d'Orléans, il utilise ses loisirs à l'étude de la chimie; sans doute, en 1758, il devient titulaire de la chaire du professeur Sérane après un concours ne comportant guère que des questions de chimie, mais une fois rentré à la Faculté de Montpellier, son enseignement fait école.

Celui qui, à la table paternelle, avait souvent entendu parler des difficiles problèmes qui se posent à la conscience et à l'intelligence du médecin; celui qui avait vu tous les siens à la peine, dans le rude exercice de notre art, celui-là se devait d'écrire le *précis de matière médicale*, publié en 1787, et réédité en 1801.

Nous, qui parcourrons les mêmes plaines et les mêmes collines que les siens, nous qui suivons les mêmes rues étroites et tortueuses, nous qui montons les mêmes escaliers, des mêmes maisons à peine un peu plus patinées par le temps, nous avons le droit de dire qui si Venel n'avait pas vécu dans une famille où les praticiens se succédaient depuis trois générations, il aurait peut-être été un grand chimiste, mais pas certainement un grand médecin.

M. Chapel, maire de Pézenas, dit ensuite un merci à tous.

DISCOURS DU MAIRE DE PÉZENAS

MONSIEUR LE DÉLÉGUÉ DE MONSIEUR LE MINISTRE,
MESDAMES, MESSIEURS.

Permettez-moi de profiter une dernière fois de cette tribune dressée dans l'enceinte de l'Exposition, pour dire mon adieu et ma reconnaissance à tous les artisans du grand acte qui se termine ce soir.

Je suis heureux que l'occasion m'en soit offerte au cours de cette cérémonie grandiose, qui magnifie un enfant glorieux de notre cher Pézenas.

Oui, ce soir l'Exposition ferme ses portes après douze jours d'un éclat qui ne fit que grandir depuis le moment où nous en inaugurâmes solennellement les assises.

Je ne nommerai personne. Les collaborateurs de cette manifestation économique sont trop nombreux et tous trop modestes. Mais lorsque plus tard on voudra rechercher par quels moyens on est venu à réaliser dans une petite ville comme la nôtre une œuvre aussi considérable, on restera confondu et l'on se dira combien furent méritants ceux qui la conçurent et ceux qui l'exécutèrent.

A ceux-là, je dis merci au nom de la ville de Pézenas.

J'exprime les adieux de notre cité aux quatre cents exposants qui, demain, vont défaire les jolies choses qu'ils nous ont présentées. Je salue leur hardiesse, leur énergie, leur esprit appliqué, la nouveauté de leurs créations, leur labeur. Ils ont montré que l'esprit de travail ne périclitait pas en France. Qu'il était aussi éveillé, aussi réalisateur qu'avant le grand drame. L'ingéniosité française est encore la première du monde.

A tous, je dis le salut reconnaissant de Pézenas.

De chaleureux applaudissements saluent ce beau discours.

Après un morceau de musique, se lève M. le professeur Delmas, délégué de la Faculté de Médecine de Montpellier

DISCOURS DE M. PAUL DELMAS
Professeur à la Faculté de Médecine de Montpellier

MONSIEUR LE DÉLÉGUÉ DU MINISTRE,
MONSIEUR LE MAIRE,
MONSIEUR LE PRÉSIDENT DES AMIS DE PÉZENAS,
MESDAMES,
MESSIEURS,

Le 16 août 1723, dix ans, jour par jour, avant Lavoisier, Gabriel-François Venel naissait à Tourbes, dans la maison familiale de sa mère, épouse et belle-fille de médecins réputés à Pézenas.

Dès ses humanités terminées chez les Oratoriens de cette ville, le jeune homme suivait une pente toute naturelle en allant prendre ses grades à la célèbre Université de Médecine de Montpellier, toute proche de son lieu d'origine. Comme 70 ans plus tard, l'illustre physiologiste Flourens, né dans les environs, à Maureilhan, il reçoit le bonnet doctoral à l'âge de 19 ans.

Pour rapides qu'elles aient été, ses études lui ont donné le goût de la recherche scientifique, et plus spécialement de la chimie dont il a reçu les premières leçons de Fizes, titulaire de cette régence depuis déjà dix ans.

A la vérité, ce maître ne s'acquitte guère que par devoir d'un tel enseignement, et encore au cours du « petit ordinaire », soit du lundi de Quasimodo à la Saint-Jean. Il est plutôt un consultant recherché. C'est lui qu'est venu trouver J.-J. Rousseau, en 1737, pour s'entendre dire, ou à peu près, que contre ses maux imaginaires rien ne vaut le bon vin du Midi.

Dans le dessein de poursuivre ses études, Venel va se rendre auprès de Rouelle l'aîné, le futur maître de Lavoisier, qui donne au Jardin du Roi, à Paris, le Muséum d'aujourd'hui, des leçons de chimie fort courues. En dépit des apparences, cet habile démonstrateur n'est, sur les bords de la Seine, qu'un écho des doctrines de Montpellier. Il continue le célèbre Lemery qui tient son bagage chimique de l'utile séjour fait de 1669 à 1672, chez l'apothicaire montpelliérain Verchout, et Lemery lui-même s'est borné à poursuivre au Jardin du Roi les leçons que tous les ans, jusqu'en 1684, Jean Matte, dit la Faveur, y venait faire de Montpellier, emportant avec lui, par le coche, son matériel de démonstration.

Depuis les origines judéo-arabes de l'Ecole au Xe siècle, la chimie a toujours été en honneur à Montpellier, mais, en dehors des chimères de l'Alchimie, les médecins qui en sortent n'envisagent guère dans cette science que ses applications thérapeutiques, tel Arnaud de Villeneuve, le maître de Raymond Lulle au XIIIe siècle, qui prône les vertus médicamenteuses de l'alcool comme un elixir de longue vie. Ce n'est guère, en effet, qu'au XVIe siècle, que s'établira l'usage courant des boissons distillées. Le même souci de thérapeutique se retrouve dans ce *rosarius alkemiæ monspeliensis*, découvert par Berthelot, sur la fin du siècle dernier, à la Bibliothèque nationale.

Montpelliéraine encore, et dans le même sens, la curieuse figure de ce Théophraste Renaudot, le père du journalisme, qui, dans la capitale même, soutenu en sous-mains par Richelieu, par la faveur du père Joseph qu'il a connu à Loudun, fait pièce à la puissante Faculté de Médecine de Paris. Ne s'avise-t-il pas, et avec succès, de lui opposer, à lui tout seul, une école rivale, avec une clinique et un enseignement chimiothérapique? La « très salubre Faculté » de Paris est plutôt un syndicat de Médecins, dont le Président, son doyen Guy Patin, polémiste caustique et spirituel, sinon bien avisé, écrira à propos de l'antimoine que « la chimie n'est que la fausse monnaie de la Médecine ». Aussi, bien qu'écrits à Pézenas, de 1653 à 1656, les brocards, assénés par le génie caustique de Molière à la corporation, ne s'adressent-ils qu'aux ridicules des Parisiens: Ce n'est pas à Montpellier qu'est en honneur la thérapeutique des trois S: séné, seringue, saignée.

Au contraire, Molière a pu apprécier, durant son séjour dans le Midi, les tendances réalistes d'une Ecole pour laquelle « l'expérience est le meilleur des maîtres ». Il a vu combien étaient suivies les démonstrations de chimie données dans son laboratoire particulier, près la caserne des Minimes, par Matte la Faveur, tant et si bien qu'en 1673, Daguin, premier médecin de Louis XIV et docteur de Montpellier, obtient pour lui la création dans l'Université de Médecine d'une charge de démonstrateur royal de chimie: cependant simple « artiste illettré », il n'a pas pris ses grades et fait ses leçons en français; l'Ecole s'est émue. Cédant à ses supplications, le roi a mis Matte en sous-ordre en créant une septième chaire, celle de chimie, confiée à Fonsorbe, l'un des deux docteurs agrégés. C'est la seule chaire de chimie qui soit en France, et Matte en est un véritable chef des travaux. Après Deidier qui, en 1697, succède à Fonsorbe, Fizes, depuis 1732, en est le troisième titulaire, tour comme, au Jardin du roi. Matte a comme successeur Lemery, puis Rouelle.

La vocation et la formation chimique de Venel sont donc nettement montpelliéraines. Ses progrès sous Rouelle sont si rapides qu'il devient son émule. Le duc d'Orléans lui confie la direction de son cabinet de chimie. Bientôt il était chargé de l'inspection des eaux minérales du royaume. A cette occasion, il fait, en 1750, l'étude des eaux de Seltz dans le duché de Hesse. Il en attribue le piquant à de l'air surabondant, créant pour elles l'expression d'eaux aérées. Puis, de l'analyse passant à la synthèse, il met dans un récipient contenant de l'eau ordinaire du sel de soude et de l'esprit de sel, croyant ainsi avoir fait dégager de l'air. Encore un peu, et il eût établi que ce fluide élastique, comme l'appelait van Helmont, était du gaz carbonique. Pour cela, il eût fallu, comme, dès 1620, le faisait Jean Ray, autre docteur de Montpellier, user de la balance, sans laquelle il n'est pas de chimie scientifique. Cette découverte ne devait être faite que cinq ans plus tard par Black, d'Edimbourg.

Le retentissement de ses recherches a mis Venel en vedette. Diderot et d'Alembert, dont le prospectus pour l'Encyclopédie a paru en 1751, font appel à sa collaboration. Pour eux, il écrit les articles touchant la Physiologie, la Médecine, la Pharmacie et la Chimie.

Le décès du professeur Sérane, survenu en 1758, rend vacante une régence de Montpellier. Docteur depuis plus de dix ans, Venel y peut prétendre, désireux qu'il est de se rapprocher de sa patrie d'origine.

Mais il faut prendre part à la « dispute » ou concours. Il aura comme compétiteurs Broussonnet et René. La Faculté se rend en corps au Palais épiscopal, et, dans le chapeau du prélat, les concurrents tirent au sort les « préleçons ». A l'instigation de Senac, premier médecin de Louis XV, qui avait eu, comme surintendant des eaux minérales du royaume, l'occasion d'apprécier le mérite de Venel, ce sont comme par hasard des questions de chimie qui sortent. Il l'emporte de haute lutte et va recevoir des mains de Mgr François Renaud de Villeneufve la robe rouge au double camail fourré d'hermine et la ceinture dorée.

Mais la chaire de chimie est occupée par son ancien maître Fizes, qui la conservera jusqu'à sa mort, survenue sept ans après, en 1765. Venel enseignera donc la matière médicale et l'hygiène, sans pour cela renoncer à ses études de prédilection. Il se concerte avec l'apothicaire Moutet, dans l'arrière-boutique de qui il donne des leçons particulières de chimie, ce qui, sur la dénonciation d'un élève qui n'en veut acquitter le prix, lui vaut une méchante affaire avec Imbert, le chancelier de l'Ecole. Les démonstrations seront désormais continuées à titre gratuit, et hors le casuel des actes scolaires assez peu nombreux dans une Ecole pourtant la plus importante de toutes, avec ses cent élèves, quand Paris en compte à peine moitié autant, il se faut contenter des 600 livres de traitement attachées à la chaire, avec, comme tout supplément, 50 livres d'indemnité de taille et 75 livres représentant 3 minots de sel à titre de franc salé.

Il n'est pas à sa charge que des profits matériels. La Société royale des Sciences de Montpellier, établie par lettres patentes de Louis XIV, en février 1706, pour « ne faire avec l'Académie des Sciences qu'un seul et même corps », appelait à elle le nouveau professeur. Il en devait être l'un des membres les plus en vue.

L'esprit entreprenant des médecins chimistes ambitionnait davantage. Pour eux, contribuer par la chimie au bonheur des hommes, c'est encore de la médecine. En faut-il davantage pour que Venel réponde avec faveur à la demande des Etats du Languedoc, désireux, pour ménager les maigres ressources de la province en forêts, d'utiliser, si faire se peut, le charbon de terre pour les usages domestiques. D'où, après études sur place et expérimentation, ce mémoire utilitaire donné au grand public en 1775, sous le titre d' « Instructions sur l'usage de la houille ».

Interrompues depuis 25 ans, faute de crédits, ses études sur les eaux minérales allaient reprendre la même année sur l'ordre du roi. Venel laisse donc sa chaire pour courir à nouveau le royaume et recueillir les matériaux d'un traité d'ensemble qu'il se proposait de rédiger à tête reposée dans sa résidence de Pézenas, quand se firent sentir les premières atteintes du mal qui devait l'emporter. C'est en vain que, ramené en hâte à Montpellier, ses collègues s'empressent. Il meurt le 29 octobre 1775, à l'âge de 52 ans.

A un siècle et demi de distance, il ne reste pas grand chose du « gros Venel », comme l'appelaient irrévérencieusement ses élèves. Sa production scientifique est démodée, et ses cendres elles-mêmes ont été dispersées en 1793, lors de la profanation des caveaux de l'Eglise des Carmes, où il avait été inhumé.

Seule, la Faculté conserve son portrait et son buste. Sur ce visage de borgne bon enfant, on retrouve l'impression qu'il donnait à son entourage quand Amoreux, le futur bibliothécaire de la nouvelle Faculté, alors étudiant, le dépeignait comme « gai, spirituel, goûtant les charmes de la Société ». Ce signalement cadre bien avec l'éloge prononcé le 2 mars 1776, dans la grande salle de l'Hôtel de Ville de Montpellier, par M. de Ratte, secrétaire perpétuel de la Société royale des Sciences, en présence des Etats de la Province du Languedoc: « il fut bon parent, bon ami » sinon bon époux, puisque, célibataire impénitent, il ne connut du beau sexe que les roses, et non les épines: mais aussi il fut « bien attaché à son pays ».

Aimer sa petite patrie et en devenir un juste sujet de gloire, n'est-ce pas, Messieurs, s'acquérir des droits vis-à-vis de ses concitoyens et de la postérité?

La série des discours est close avec la harangue, courte, mais spirituelle, nourrie, qu'improvise M. Caudrillet, délégué du Ministre de l'Instruction Publique.

DISCOURS DE M. CAUDRILLET

Délégué du Ministre de l'Instruction Publique

M. le Ministre de l'Instruction Publique, empêché de se rendre à cette cérémonie, a prié M. le Recteur de me désigner pour l'y représenter. Vous savez combien j'aime Pézenas. Je suis membre de la Société qui a pris l'initiative de cet hommage. C'est vous dire ma joie et ma fierté de me retrouver en une circonstance si solennelle dans cette bonne ville toute imprégnée de grands souvenirs. N'est-elle pas auréolée notamment par celui de Molière dont le marbre vivant se dresse là-bas au milieu des palmes? Je voudrais rappeler les légendes que le grand homme a fait naître dans l'humble boutique de son ami, le barbier Gelly. Son fauteuil, le vénérable Fauteuil, lui était réservée pour ses observations: il fut une compensation à celui que ne lui offrit pas l'Académie Française.

Votre compatriote Venel, que nous fêtons aujourd'hui, aimait, nous dit son panégyriste, à parler de cet Hôte illustre de sa ville bien-aimée. Collaborateur des grands Encyclopédistes, Diderot, d'Alembert, etc... Venel qui fut l'ami de Buffon, de Lavoisier, de tous les grands savants de son époque, ne se confina pas ainsi dans l'étude de la science pure. Mais la science, indispensable à tout progrès, peut aujourd'hui être fière de l'hommage rendu en ce jour à ce génial pionnier.

Je vous remercie, Monsieur le Maire, de l'accueil qui m'a été fait dans votre coquette cité. Je félicite M. Alliès d'avoir conçu et réalisé avec ses *Amis de Pézenas* cette fête de la Science, poétisée par le cadre magnifique de l'Exposition et les flots d'une éloquence littéraire qui se répandent depuis ce matin dans cette campagne heureuse et fertile « la plus belle du monde », disait une gazette des premières années du XVIIIᵉ siècle, le siècle de la Science et de la Philosophie, celui qui vit briller votre compatriote, notre grand Venel.

L'Harmonie *La Concorde*, qui a prêté un si précieux concours durant ces fêtes, couronne d'accents éclatants la fin de la cérémonie.

Les personnalités officielles et leur suite redescendent les gradins de l'estrade et vont visiter le Palais des *Amis de Pézenas*. M. A.-P. Alliès les accueille et leur en fait les honneurs, donnant une explication de chaque objet, œuvre d'art ou souvenir.

Ensuite, tandis que l'orchestre symphonique donne son dernier concert, l'immense foule se répand autour des stands, dans les jardins et les pavillons.

En ville, l'animation est très grande. Les cafés sont envahis, les pâtisseries dévalisées. Ces dernières ont vendu des milliers de *petits pâtés de Pézenas*, dont la succulence défie la concurrence qu'essayent de leur faire les villes voisines.

Et le soleil tombe sur la fin d'un beau jour.

L'APOTHEOSE DE L'EXPOSITION

C'est la dernière soirée de l'Exposition. La myriade d'étoiles qui brillent dans cette nuit douce de juin ajoute aux feux électriques qui semblent d'autant plus vifs qu'ils vont s'éteindre dans quelques heures. L'illumination est féerique. Par la porte criblée de lucioles, la foule pénètre en nombre. Musique, chant, danses, tout donne à la fois dans cette ultime manifestation d'allégresse.

Deux orchestres alternent sans arrêt, pour faire danser l'un à la mode ancienne, l'autre au jazz-band moderne. Les couples de jeunes gens et de jeunes filles, sans se lasser, tourbillonnent dans une enceinte qu'ils abandonnent aux dernières mesures pour aller glisser ou se dandiner dans une autre réservée à cet effet.

Les bars ne suffisent plus à rafraîchir tout le monde. On entend du bruit, des cris, de la musique partout.

. . . .

Je vais, avant la fin, chercher un peu de calme dans le *Jardin du Cloître*, là-bas, à l'autre extrémité, voisin du square Molière. Mon esprit se remémore toutes les heures de cette Exposition qui finit ce soir en apothéose. Il me semble qu'on ne pourra jamais plus organiser une telle manifestation si diverse dans son esprit, dans sa conception, dans sa réalisation: les créations du génie humain, présentees dans un cadre merveilleux, dans un mouvement de foule continu, dans un bruit de fanfares, de chants, dans l'enchantement de fêtes enfantines, de minuscules petits bonshommes aux costumes barriolés.

Je pense aux nombreuses affaires — nous ne disons plus *affaires d'or* — qui se sont traitées dans cette vaste enceinte, fructueuses pour les exposants, dépassant leurs plus belles espérances.

Pézenas a donné un exemple de volonté, d'énergie et de travail.

Oui, nous reverrons un tel effort, parce que le progrès est la loi de l'Humanité. La leçon d'Aujourd'hui servira d'enseignement à la réalité de Demain.

Marche! Marche! dit à l'homme la voix secrète qui parle au fond de nous.

Le génie du penseur, le muscle de l'ouvrier s'associent pour assurer le bien-être du prochain.

. . . .

Mais soudain la voûte des grands arbres s'éclaire de mille flammes. Des salves éclatent. Minuit sonne... Tout s'éteint.

L'Exposition de Pézenas a vécu.

A.-P. ALLIÈS.

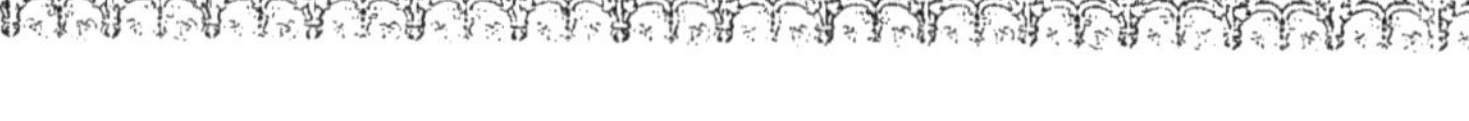

APPENDICE

LE PALAIS DES « AMIS DE PEZENAS »

Les milliers de visiteurs qui franchissent depuis jeudi dernier, jour de son ouverture, la magnifique Exposition de Pézenas, présentée avec un goût, un ordonnancement parfaits sont unanimes à déclarer que « le clou » en est le Pavillon édifié par les *Amis de Pézenas*. C'est le titre du Comité d'Initiative qui groupe, sous la présidence de M. A.-P. Alliès,

ornements sculpturaux de la façade, de M. Coste, tous deux de Montpellier. Un style de transition, entre le Louis XV et le Louis XVI, a présidé à sa décoration. On admire sa beauté et son élégance.

A peine en avoir franchi le seuil, on est séduit par l'aspect magnifique de l'ensemble. Est-on dans un Musée ou dans un Salon? Les organisateurs: MM. A.-P. Alliès, Gaudion, Balsière, Pétesque et Guiraud ont réussi à donner l'impres-

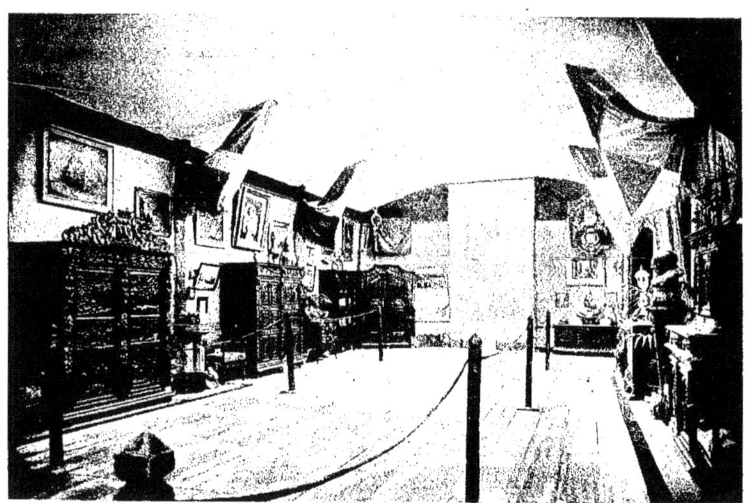

Palais des « Amis de Pézenas »
Intérieur (côté droit)

l'actif secrétaire général de l'Exposition, plus de cinq cents sociétaires, amis de cette ville remarquable à tant de titres.

C'est un vrai Palais des Beaux-Arts que ce Pavillon. On y accède par un beau jardin dessiné par un amateur d'art et de goût, M. Gabriel Balsière. Des arbustes plus que centenaires, de hauts palmiers, des fleurs rares sortant des serres de l'horticulteur montpelliérain, M. Roussel, décorent ce magnifique *atrium*. Sur un des côtés, une vieille pierre qui date de 1581 : *Le chien qui ronge l'os*, dont la création remonte à un fait d'histoire locale.

Le Pavillon est l'œuvre de M. Cassan, architecte, et les

sion qu'on est dans les deux à la fois. Nous n'avons pas la prétention de donner une nomenclature détaillée de toutes les œuvres, de tous les objets, de toutes les pièces rassemblés. Ils sont en trop grand nombre, tous riches et beaux, présentant pour la plupart le caractère du souvenir local. Disons seulement que toutes les familles de la ville et celles de la région qui y ont leurs racines ont prêté avec empressement tout ce qu'elles avaient de précieux au triple point de vue de l'art, de l'histoire, du souvenir.

De magnifiques armoires Renaissance, aux panneaux sculptés, l'une représentant l'*Histoire de Joseph*, une autre appartenant à l'Hospice de Pézenas, avec les *Quatre Saisons*, des bahuts, des buffets, de pur style ornent les côtés.

Nous notons en passant, le buste de notre regretté collaborateur, l'écrivain d'art Charles Ponsonailbe, réplique du bronze d'Injalbert que ses amis lui ont édifié sur son tombeau de Pézenas. Nous retrouvons son portrait par Paul Saïn. Voici l'écu de Jacques Cœur, détaché de la façade de l'hôtel piscénois où il avait son comptoir; la vieille lampe locale: le calel. Deux médaillons en bronze d'Injalbert: les bocaux de pharmacie de l'Hospice de Pézenas; une vitrine renfermant une précieuse collection de faïence, notamment des Rhodes de toute beauté. Une autre abrite une terre-cuite de Clodion: un bel ivoire, quelques vieux Montpellier. Un balcon en fer forgé d'un vieil hôtel de Pézenas arrête nos pas.

Il défend l'accès d'un salon disposé avec un goût des plus fins. Ici, sont les souvenirs les plus précieux. La Piscénoise, dans le costume local, en fait les honneurs. La magnifique Armoire Louis XIII de l'Hôtel de Ville, dont les panneaux historiés arrête les regards, domine ce sanctuaire. Au devant un splendide tapis de Beauvais, fait au point, sur lequel repose un massif et fort beau guéridon Empire, orné des portraits de Napoléon et des maréchaux en porcelaine de Sèvres. C'est un don de l'Empereur à un personnage de sa Cour. Sur une commode, peinte par Pillement, la maquette en bronze, cire perdue, du « Monument de Molière » par Injalbert. Se faisant face, deux œuvres du même auteur: la terre cuite originale de l' « Enfant qui rit » et le buste de la mignonne Claire B. Sur une table l'épée, œuvre de Ducuing, offerte au général Montagne par ses concitoyens de Pézenas. Les épées des Consuls de la ville; l'uniforme d'un Piscénois; le maréchal de camp. Plantavit de la Pause, lieutenant de Montcalm au Canada; un bronze, de Percier et Fontaine, *le Destin*, offert par Napoléon, à son ami, le comte Curée, de Pézenas. Sur une commode d'époque Louis XIV, on admire un beau Christ en ivoire: un riche et sculptural ostensoir de l'ancienne Abbaye de Saint-Pons; des bois sculptés: au devant, un tapis de prière persan du XIIIe siècle. Ensuite une élégante Piscénoise en robe de soie Louis XV: le masque en bronze de Napoléon, moulé sur le plâtre pris par le docteur Antomarchi, quelques instants après la mort de l'Empereur. Sur un guéridon, la charte de Louis XVIII avec le grand sceau de cire, confirmant les « Armoiries de Pézenas, données par Charles VII. Les écharpes des « Compagnons du Languedoc », un autographe du Connétable Henri de Montmorency, de belles chasubles, un tapis ancien, des broderies, des dentelles, une épée historique, une délicieuse vierge en bois provenant des fouilles du Château, des consoles, commodes, tables, en ébénisterie du pays, prêtées par d'anciennes familles, complètent l'ameublement du salon.

Aux murs, des tableaux de grand prix: *Saint Sébastien*, par Fra Bartoloumeo, ayant appartenu aux Médicis qui en firent don à François Ier; *Fléchier*, par Hyacinte Rigaud; *le Cardinal de Richelieu, le Duc de Montmorency, Venel le père; de Grasset*, un châtelain de Pézenas: de nombreux et très intéressants Pillement, le chef de l'Ecole lyonnaise, qui, fuyant la Révolution, passa plusieurs années à Pézenas: une très belle *Crucifixion*, de Franc-le-Jeune; le portrait du savant Venel que l'on va honorer lundi, prêté, ainsi que son buste, par la Faculté de Médecine de Montpellier; *la Danse locale des « Treilles » sur le Pré; les Vendanges à Pézenas*, un tableau de Guiraud exposé aux Artistes Français; des gravures, une œuvre puissante et remarquable d'Injalbert, Coquelin cadet, citoyen de Pézenas, se dressant sur sa gaine sculptée par Balsière; un dessin à la sépia: *la Chasse de Méléague*, de Jules Romain, l'élève préféré de Raphaël; un cype funéraire en marbre, époque romaine; le « Pegal », cruche à vin du pays (1777); une pièce de 1345, des Archives de la Société Archéologique de Béziers, concernant les Foires de Pézenas; un blason de marbre autrefois encastré dans la clef de voûte du couvent des Cordeliers; la lanterne en argent de la Collégiale de Saint-Jean, un coffre en fer forgé, une autre vitrine de rares faïences, des calices, des ciboires de vieilles églises d'un art délicieux; des souvenirs du pays, un vieux bahut supportant des pièces rares, notamment une monumentale soupière en vieux Marseille; un coffret ciselé ayant appartenu à la famille de Montmorency, des livres précieux de la Bibliothèque de la ville; un incunable de Cologne, 1482; un ouvrage imprimé à Pézenas, par Martel, en 1662; un exemplaire de l'édition princeps de l'*Histoire du Languedoc* par Dom Vaissette et Devic; des fauteuils et sièges Louis XIV et Louis XV (tapisserie et soie); des étoffes et tentures précieuses; de vieux étains; des glaces Louis XIV; des ivoires remarquables par la finesse du travail; des poteries et quelques pièces d'animaux préhistoriques découvertes à Pézenas par le savant géologiste et botaniste, le père Biche; d'anciennes bannières, complètent cette admirable collection composée de plus de trois cents numéros.

Le faîte de ce Musée est drapé avec les vieux étendards des Corporations de Pézenas. C'est une idée heureuse d'avoir associé ici les corps de métier à la grande manifestation du Travail qui s'affirme de l'autre côté.

On sort charmé, ému, heureux du Palais des « Amis de Pézenas ».

L'Eclair, 28 mai 1925.

EXPOSANTS DU PALAIS DE PÉZENAS

MM. ALICOT, de Fontès.
    ALLIÈS (Albert-Paul).
    ATTÉRANO.
    AUDRIN.
    AULAN (Conte d'), château de Lavagnac.
    AURET (Hippolyte).
Mlle AURET (Marie).
MM. BALSAN, de Caux.
    BALSIÈRE (Gabriel).
    BARET (commandant).
Mme BARRAL D'ARÈNES (Marquise de).
M. BEAUME (Georges), de Paris.
Mme BELLAUD-DESSALLES, château de la Grange des Prés.
MM. BERTRAND (Aimé), de Caux.
    BONNIOL, de Castelnou-de-Guers.
    BOUCHHARD, d'Esquieu.

Mme CANNAC, de Montpellier.
M. CAPDEGELLE.
   Cathédrale d'Agde.
   — *de Saint-Pons.*
M. CHAUVET, de Marseillan.
   Collégiale de Saint-Jean.
Mme COMBESCURE (Clément).
   Corporation des Bouchers.
   — — *Boulangers.*
   — — *Jardiniers.*
   — — *Maçons.*
   — — *Tuiliers.*
   — — *Tonneliers.*
   — *de Saint-Crépin.*
   — — *Saint-Eloi.*
   — — *Saint-Fulcran.*
Mlle COSTE (Madeleine), château de Fondouce.
M. CROZES.
Mme DEVISSCHER.
   Eglise de Caux.
   Faculté de Médecine de Montpellier.
MM. FAJON.
   FOUISSAC.
   FOURNIER-ALAFFRE.
   FRAISSINET-ESTÈVE, château de Saint-Julien.
   GAUDION (Joseph), de Conas.
Mme GARRIGUES.
MM. GUIRAUD (L.-R.).
   GRASSET (Marquis de), château de Saint-Pierre.
   Hospice de Pézenas.
   Hôtel de ville de Pézenas.
MM. J... (abbé de).
   JAZOUY père.
   LABRY.
   LAGET (Jean).
   LATUDE (Baron de), château de Belles-Eaux.
Mlle LAURENT (Marie).
M. LECAT (Alexandre), château de Roquelune.
Mme DE LÉDIGHEN (Comtesse DE PLANTAVIT DE LA
   PAUSE), château de la Baume.
Mme L'EPINE DE LATUDE, château du Parc.
Mme DE LESCURE-MAZEL, de Béziers.
M. LOUP.
Mme MARTIN (Vve).
   MAUREL (Vve.)
MM. MONTAGNE (Général Alfred).
   NAZOT (Simon).
   PÉTESQUE (Maurice).
   POUZOULET (Cyrille), de Castelnau.
Mlle ROSAMBEAU (DE).
   Société Archéologique de Béziers.
MM. TARBOURIECH (Eugène).
   THOUMIEUX.
   VIENNET-L'EPINE (Charles), de Béziers.

L'EXPOSITION DE PÉZENAS 1925

CULTURE ET VINIFICATION

Extrait du rapport rédigé spécialement pour la Société départementale d'Encouragement à l'Agriculture de l'Hérault par M. M. CAYROL, secrétaire de la Société départementale, Commissaire général adjoint de l'Exposition. Publié dans le Bulletin de juillet 1925.

La vieille cité des Montmorency, des Condé, des Conti Pézenas, où se tinrent si longtemps les Etats du Languedoc et que Molière affectionnait particulièrement; Pézenas, capitale de la vallée de l'Hérault et centre du vignoble le plus fertile de France, vient de manifester, par une Exposition régionale dont l'importance a dépassé le cadre des « pays piscénois », sa vitalité, sa puissance de création et sa volonté de poursuivre l'œuvre grandiose de ses consuls et de ses hôtes, les gouverneurs du Languedoc. A travers les siècles, Pézenas a vu grandir son commerce et son industrie. Ses Foires égalèrent en puissance celle de Beaucaire, ses vins et ses eaux-de-vie conquirent en France une renommée unique. Les Piscénois d'aujourd'hui ont continué la tradition des aïeux et leurs efforts furent couronnés de succès.

Sur la magnifique promenade du Pré, sur le Foiral, dans un cadre unique se déroulèrent pendant cette période non seulement fêtes, bals, concerts, manifestations économiques mais encore les cérémonies de la distribution des récompenses du concours de la Prime d'Honneur et des spécialités pour l'Hérault, ce concours qui n'est institué dans un même département que tous les 10 ans et dont les récompenses sont de véritables citations à l'ordre de l'Agriculture française.

Aussi l'Exposition de Pézenas, à laquelle la Direction des Services Agricoles, l'Office agricole départemental, les Sociétés d'Agriculture et d'Horticulture de l'Hérault apportèrent leur concours, soit pécuniaire, soit moral, soit effectif, prit-elle un caractère particulièrement agricole. Nous eûmes là en 1925, les véritables assises de la Viticulture.

C'est d'ailleurs à cette partie, « La Viticulture », que nous bornerons notre étude. Nous ne sommes point ici l' « Historien de Pézenas », ce rôle appartient à d'autres et cette œuvre que sera le Livre d'Or de l'Exposition verra bientôt le jour, nous en sommes persuadés; mais nous voudrions en prenant la vivante leçon de choses qui se déroula sous nos yeux, noter pour l'agriculteur et particulièrement pour le viticulteur, ce que cette manifestation a mis en relief les idées où il pourra puiser un jour ou l'autre, les renseignements qu'il utilisera et sera heureux de trouver sous la main les tendances actuelles de la culture, la transformation constante du matériel et des procédés de vinification.

Pendant 12 jours, du 21 mai au 1er juin, si les visiteurs ont admiré le tour de force accompli de monter une telle exposition à Pézenas, et pour si peu de temps, ils ont été surtout frappés par l'importance et la variété du matériel agricole qui leur fut présenté. Le Foiral présentait un ensemble unique de machines et le nombre d'exposants fut tel que charrues et tracteurs, suivis des distilleries, du matériel électrique et de nombreux appareils de vinification avaient dû émigrer sur « le Pré », où déjà les avait précédés l'imposante et massive cohorte des produits chimiques: engrais et amendements. Cette section très importante démontre l'évolution suivie par la chimie, qui est devenue, elle aussi, agricole et a doté la viticulture de toute la gamme des produits que l'expérience conseille et que la loi autorise pour obtenir des vins limpides et sains, brillants et complets.

La chimie a certes fait un gros effort, mais que dirions-nous de la question du matériel de vinification, de la machinerie de cave, dont la transformation s'avère si rapide. Les Ingénieurs ont exécuté de nouvelles machines dont le principe était inconnu il y a seulement 10 ans, ils ont apporté d'énormes perfectionnements aux autres, si bien que les machines du cellier sont devenues les plus précieux auxiliaires du vigneron, lui permettant de transformer rapidement, proprement et sûrement ses vendanges en vins parfaits, brillants et fruités, qui iront porter à tous les coins de la France moins favorisés, un peu du soleil du Languedoc.

sidérable à préparer cette manifestation — aussi chacun mériterait des compliments. Il y en aurait trop à distribuer. Les récompenses décernées par les divers jurys et que nous trouverons ci-après ne donnent qu'une faible idée du travail de chacun.

Mais nous savons, par les nombreuses lettres reçues des exposants, que tous ont emporté de l'exposition de Pézenas un souvenir excellent, et sans être indiscret nous dirons aussi un carnet de commandes bien rempli.

Malgré la crise viticole qui sévit, malgré les craintes qui assiègent le viticulteur, celui-ci n'a pas hésité à faire des commandes importantes aux constructeurs. Si le prix du vin diminue, il faut aussi diminuer le prix de revient, améliorer la qualité et la tenue des produits, il faut se passer le plus possible de la main-d'œuvre humaine, rare et chère, et utiliser machines et moteurs.

Combien encore de visiteurs sont indécis sur les appareils à acheter, mais leurs commandes iront bientôt vers les constructeurs dont les machines leur auront paru les mieux comprises et les plus économiques.

C'est encore dans la terre en engrais, dans la cave en machines que l'agriculteur fera ses placements les plus avantageux, ceux qui rapporteront à la France des produits meilleurs et en plus grande quantité, tout en demandant le prix de revient et, par suite, la cherté de la vie.

Marcel CAYROL,
viticulteur.

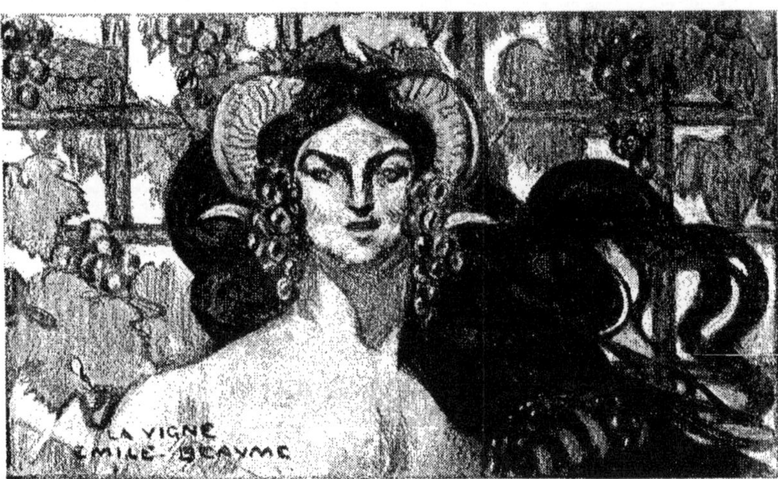

Emile BEAUME. — La Vigne

CONCLUSION

Voici notre visite de l'exposition de Pézenas terminée au point de vue viticole.

Nous ne voulons jeter des fleurs à personne, car chaque exposant a un très grand mérite, et a apporté un effort con-

DÉLIBÉRATION
DU CONSEIL MUNICIPAL
DE PÉZENAS

DÉPARTEMENT
DE
L'HÉRAULT

ARRONDISSEMENT
DE
BÉZIERS

MAIRIE
DE
PÉZENAS

REPUBLIQUE FRANÇAISE

EXTRAIT DU REGISTRE
des
DELIBERATIONS
DU CONSEIL MUNICIPAL
DE LA COMMUNE DE PÉZENAS

Séance du 19 décembre 1925

L'an mil neuf cent vingt-cinq et le dix-neuf décembre, à huit heures du soir, le Conseil Municipal de cette commune régulièrement convoqué, s'est réuni au nombre prescrit par la loi, dans le lieu habituel de ses séances, sous la présidence de Monsieur Philémon Chapel, Maire.

Présents: Messieurs Chapel, maire; Massal, premier adjoint; Laget, deuxième adjoint; Laroze, troisième adjoint; Garenq, Vergnettes, Verdeil, Michel, Fabre, Lautier, Rivière, Boucheron, Pastre, Audibert, Pouget, Durand, Candille, Niel, Arribat, Souquet.

Absents excusés: Messieurs Giraud, Lafoi, Delmas.

.... Monsieur le Maire, rappelant la belle Exposition, tenue à Pézenas cette année, du Comité d'organisation de laquelle il était le Président, propose la motion suivante:

LE CONSEIL MUNICIPAL

Adresse ses sincères félicitations à tous les membres du Comité de l'Exposition et en particulier au Commissaire général, M. Pasquet, Directeur des Services agricoles du Département. Il a été le promoteur de l'Exposition, la cheville ouvrière. Par son travail, son esprit d'organisation et l'aménité de son caractère, il a laissé parmi nous un souvenir charmant et durable.

Je vous demande de joindre au nom de M. Pasquet celui du Secrétaire général de l'Exposition, M. A.-P. Alliès, Président des *Amis de Pézenas*, dont la collaboration dévouée et de tous les instants nous a été si précieuse.

A tous deux, notre vive reconnaissance.

LE CONSEIL,

Après avoir pris connaissance de la motion proposée par M. le Maire, l'adopte à l'unanimité et dit qu'elle figurera sur le Registre des Délibérations. Et les membres présents ont signé au registre après lecture.

Pour copie conforme.
Le Maire:
P. CHAPEL.

REMERCIEMENTS DU MAIRE DE PÉZENAS

MES CHERS CONCITOYENS,

J'ai l'honneur et le plaisir de vous adresser tous mes remerciements pour l'excellente tenue de la ville, durant notre belle Exposition. Le concours absolu et dévoué que vous avez apporté à cette manifestation grandiose, me fait un devoir de vous témoigner toute ma gratitude. Votre attitude a été au-dessus de tout éloge et l'impression produite, franchissant les cadres, de notre département, s'est répandue dans toute la région méridionale et au-delà.

L'Exposition de Pézenas a ajouté une page de plus à son histoire locale déjà intéressante et comme tant d'autres manifestations qui l'ont précédée, elle laissera une trace ineffaçable dans la mémoire de tous ceux qui l'ont visitée.

Piscénois, mes amis, encore une fois, merci. Vous demeurez dignes de votre vieille cité toujours accueillante et hospitalière. Vive Pézenas!

Pézenas, le 2 juin 1926.

Le maire: Philémon CHAPEL.

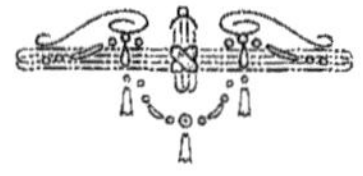

PALMARÈS GÉNÉRAL DES CONCOURS

PRIX OFFERT
PAR M. LE PRÉSIDENT DE LA RÉPUBLIQUE
Un Vase de Sèvres
décerné
Au Pavillon des *Amis de Pézenas*
Président : M. A.-P. ALLIES
(Exposition Rétrospective de Pézenas)

PREMIER CONCOURS
Concours d'Horticulture

(Plantes en pots et fleurs coupées)

Membres du Jury :

MM. Aymard, horticulteur, à Montpellier. — Balsière, professeur d'agriculture au Collège de Pézenas. — Bessey, chef de culture de l'École Nationale d'Agriculture. — Boissier, jardinier au Jardin des Plantes de Montpellier. — Gèzes J.-B., professeur d'agriculture du département de l'Hérault. — Massol, Doyen de la Faculté de Pharmacie de Montpellier.

Commissaire : M. Hamelin, secrétaire général de la Société d'horticulture et d'histoire naturelle de l'Hérault.

PRIX DÉCERNÉS

Hors concours. — École Nationale d'Agriculture de Montpellier : diplôme d'honneur avec félicitations du Jury, pour collection de Pelargonium zonale. — Jardins d'Essais de la Société d'horticulture et d'histoire naturelle de l'Hérault : diplôme d'honneur avec félicitations du Jury, pour ses cultures en pots et ses fleurs coupées.

Diplôme de Médaille d'or. — M. Roussel, horticulteur à Montpellier, pour l'ensemble de ses cultures en pots.

Diplôme de Médaille de Vermeil. — M. Garrigues, horticulteur à Pézenas, pour la présentation de ses cultures en pots.

Diplôme de Médaille d'argent, grand module. — MM. Marc, horticulteur, à Bédarieux, pour sa collection de roses en fleurs coupées. — Marty, horticulteur, à Agde, pour l'ensemble de son exposition.

Diplôme de Médaille d'argent. — MM. Garrigues, horticulteur, à Pézenas, pour sa présentation de fleurs coupées. — Emile Charles, horticulteur, à Pézenas, pour son lot de plantes en pots. — Taussac frères, de Pézenas, pour leur rocaille décorative.

Diplôme de Médaille de Bronze. — MM. Rivier, horticulteur, à St-Jean-de-Védas, pour son lot de pensées. — Piot, à Arles, pour son matériel horticole.

SECTION HORTICULTURE

Membres du Jury :

MM. Massol, Président de la Société d'Horticulture, président. — Causse Louis, horticulteur-maraîcher, de Montpellier. — Géo. Coste propriétaire, à Montpellier. — Grousset, chef de culture à l'Asile d'aliénés de Font d'Aurelle. — Masclau, président de la Société des Jardiniers Maraîchers, de Montpellier.

Commissaire : M. Hamelin, Secrétaire général de la Société d'horticulture et d'histoire naturelle de l'Hérault.

DEUXIÈME CONCOURS, DU 30 MAI AU 1er JUIN
Fruits et légumes

Hors Concours. — Jardins d'Essais de la Société d'horticulture et d'histoire naturelle de l'Hérault. Remerciements à l'Administrateur des jardins et prime en espèces au jardinier. — École Nationale d'Agriculture. Félicitations du Jury avec attribution d'une médaille d'or au chef de culture. — Asile départemental de Font-d'Aurelle. Félicitations du Jury au chef de culture.

Diplôme de Médaille d'argent grand module. — M. Cabanne André, horticulteur à Pézenas.

Diplôme de Médaille d'argent. — M. Henri Michel, horticulteur, à Pézenas.

Diplôme de Médaille de bronze, grand module. — M. Jaurion, de Pézenas.

Diplôme de Médaille de bronze. — M. Vidal, de Pézenas. — M. Laget, de Pézenas.

Diplôme de Mention honorable. — MM. Audrin, de Pézenas. — Ramondo, de Pézenas. — Baccou, Château de Peyrat.

TROISIÈME CONCOURS, DU 21 MAI AU 1er JUIN
Concours permanent de décoration horticole

Hors Concours. — Jardin d'essais de la Société d'horticulture et d'histoire naturelle de l'Hérault. Remerciements à l'administrateur et prime en espèce au jardinier. — École Nationale d'Agriculture de Montpellier, félicitations du Jury.

Diplôme de félicitations et de remerciements pour sa collaboration à la décoration de l'Exposition. — M. Balsière, de Pézenas.

Diplôme d'honneur de l'Exposition, avec félicitations du Jury. — M. Roussel, horticulteur, à Montpellier.

Diplôme de Médaille de Vermeil. — M. Marty, horticulteur, à Agde.

Diplôme de Médaille d'argent. — MM. Garrigues François, horticulteur à Pézenas. — Emile Charles, horticulteur. à Pézenas.

Diplôme de Médaille de bronze. — MM. Rivier, horticulteur, à Montpellier; Joseph Gasc, de Pézenas.

DEUXIEME CONCOURS

PREMIER JURY

Habitation. — Ameublement. — Décoration

Membres du Jury:

MM. Arnavielhe, à Montpellier. — De Bermond. à Arles. — Cassan, architecte, à Montpellier. — Gaudion, propriétaire à Conas, par Pézenas. — Gelly Pierre, à Béziers. — Louis Mestre, à Cette. — Rouanet, de Montpellier.

PRIX DÉCERNÉS

Diplôme de Grand Prix. — MM. Cadenat. à Béziers. — Monin Jean, à Bédarieux. — Renoux Joseph, à Béziers. — Reverdy, à Montpellier.

Diplôme d'honneur, avec félicitations du Jury. — MM. Boyer, à Pézenas. — Maurel, à Pézenas.

Diplôme d'honneur. — MM. Bonal, à Béziers. — Truel, à Pézenas.

Diplôme de Médaille d'or grand module. — MM. Arnal Bazille, à Montpellier. — Lery et Midor, à Pézenas. — Mauran Emile, à Pézenas.

Diplôme de Médaille d'or. — Aéro-Club de l'Hérault, à Montpellier. — MM. Bayle, à Pézenas. — Bot, à Pézenas. — Cabanel, à Béziers. — Dalichoux, à Pézenas. — Daudé Louis, à Montpellier. Société Française de l'Everite, à Bordeaux. — MM. Granier Jules, à Pézenas. — Sautel-Cazeille, à Béziers. — S.M.N.P., à Béziers. — Union Economique de Pézenas. — MM. Maurel. à Pézenas. — Miquel, à Béziers. — Naquet, à Cette. — Robert, à Montpellier. — Roques, à Béziers.

Diplôme de Médaille de vermeil. — MM. Atterano Louis, à Pézenas. — Bonnes, à Pézenas. — Fémina Duffeau, à Pézenas. — Imbert Turiès, à Pézenas. — Lavabre André, à Pézenas. — S.A.F.A., à Béziers.

Diplôme de Médaille d'argent grand module. — MM. Lanet Gabriel, à Pézenas. — Somazi, à Aspiran.

Diplôme de Médaille d'argent. — MM. Platrières, de Joncels. — Rossignol, à Pézenas. — Serre frères, à Béziers. — Standart, à Lyon.

DEUXIÈME JURY

PRODUITS ALIMENTAIRES

Membres du Jury:

MM. Anthérieu Victor, de Frontignan. — Astruc, professeur à la Faculté de Pharmacie de Montpellier. — Roos, directeur de la Station Œnologique de Montpellier.

Commissaire. — M. Lafoi Pierre, de Pézenas.

Hors Concours, membre du Jury. — M. Nougaret André, propriétaire, à Bessan.

PRIX DÉCERNÉS

Diplôme de Grand Prix, avec félicitations du Jury. — M. Matte Fils, à Montpellier.

Diplôme de Grand Prix. — MM. Prat Alexandre, à Cette. — Aubert, à Pézenas. — Bècle-Combettes, à Frontignan. — Société Laitière du Midi à Mazamet. — Huilerie Coopérative de Clermont-l'Hérault. — Cave Coopérative de Gaillac.

Diplôme d'honneur avec félicitations du Jury. — MM. Roques, à Pézenas. — Pécheur, à Montpellier.

Diplôme d'honneur. — Société Industrielle des produits mélassés. — MM. Lavergne, à Pézenas. — Monternier à Montpellier.

Diplôme de Médaille d'or, grand module. — MM. Gaget, à Pézenas. — Guerre, à Cette. — Société du Bouillon Kub.

Diplôme de Médaille de vermeil. — MM. Max Carlier, à Epernay. — Marquis de Saint-Genis, à Segré. — Calvel, à Agde.

Diplôme de Médaille d'argent grand module. — MM. Pendariès Marius, à Pézenas. — Taussac Albert, à Pézenas.

Diplôme de Médaille d'argent. — M. Vitalis, à Lodève.

Diplôme de Médaille de bronze. — MM. Mottet, à Salon. — Caix, à Lyon.

TROISIÈME JURY

INDUSTRIES DIVERSES

Membres du Jury:

MM. Gleizes. maire de Bessan. — Lauriol, à Montpellier. — Brouilhet, à Montpellier.

Commissaire. — M. Pouget, ingénieur de la Compagnie du Midi. à Nézignan-l'Evêque.

PRIX DÉCERNÉS

Diplôme de Grand Prix. — Colonie industrielle et agricole d'Aniane. — Ecole professionnelle de Blessés de Montpellier. — Ecole d'Agriculture de Clermont-l'Hérault.

Diplôme d'honneur avec félicitations du Jury. — MM. Devèze Paul, à Marseille. — Automobiles Citroën. à Paris. — Garages Réunis, à Pézenas. — Automobiles Renault, à Paris.

Diplôme d'honneur. — MM. Tobias, à Béziers. — Guérin. à Béziers. — Vayssette et Gorse, à Béziers. — Cazagrande, à Béziers. — Villa G., à Béziers. — Ribot frères, à Cette. — D'Angelin, à Montpellier. — Electro Lux. à Montpellier. — Solal Emmanuel. à Nimes. — Muller (Société). à Marseille.

Diplôme de Médaille d'or grand module. — Office Technique et Industriel. à Marseille. — MM. Miquel L., à Béziers. — Naquet Raoul, à Cette. — Castelbou, à Pézenas. — Serre frères, à Béziers. — Monteils. à Pézenas.

Diplôme de Médaille d'or. — MM. Sigret, à Roujan. — Lestage. à Pézenas. — California Oil, à Béziers. — Sanchis et Souvras, à Perpignan. — Hortala, à Agde.

Diplôme de Médaille de vermeil, grand module. — M. Calmels Maurice, à Pézenas.

Diplôme de Médaille de vermeil. — MM. Pendariès, à Pézenas. — Calmels, à Pézenas. — Laussinol, à Béziers. — Bosc Léon, à Pézenas. — Dumond Noël, à Marseille.

QUATRIÈME JURY

a) ENGRAIS, PRODUITS ANTICRYTOGAMIQUES INSECTICIDES ET PRODUITS ŒNOLOGIQUES

b) PLANTS DE VIGNES ET GRAINES

Membres du Jury:

MM. Ravaz. directeur de l'Ecole d'Agriculture, à Montpellier. — Palazy, président de la Société départementale d'Agriculture de l'Hérault. — Barbezier, président de la Fédération des Syndicats Agricoles de l'Hérault. — Lecat, propriétaire à Roquelune. — Hugues, sous-directeur de la Station Œnologique de Montpellier. — Verryes, propriétaire à Béziers.

Commissaire. — M. Bonniol, professeur d'agriculture à Clermont-l'Hérault.

PRIX DÉCERNÉS

a) *Engrais, Produits anticryptogamiques, Insecticides et Produits œnologiques*

Diplôme de Grand Prix. — Etablissements Caubet, à Marseille, Société des produits chimiques industriels et viticoles.

Diplôme d'honneur. — Etablissements Tournissac, à Béziers. — Société Gallia, à Béziers. — MM. Jullian frères, à Béziers. — Maxwell et Cie, à Roquettes (Haute-Garonne). — Phosphados, à Béziers.

Diplôme de Médaille d'or, grand module. — MM. Belleudy et Orsani, à Marseille. — Capot, à Bordeaux. — Lautrec, à Béziers. — Denicourt, à Montpellier. — Institut Zymotechnique, à Montpellier. — Pendariès, à Pézenas. — Etablissements Raynaud, à Montpellier. — Etablissements Ruggieri, à Monteux (Vaucluse).

Diplôme de Médaille d'or. — Société Alsacienne des Produits Chimiques, à Paris. — Compagnie auxiliaire Viticole, à Béziers. — M. Planchon, à Agde. — Société Méridionale des Soufres Jap, à Montpellier. — Société des Produits Chimiques de l'Yonne, à Paris. — M. Simonnot, à Cette. — Mme Vve Valdebouze, à Millau. — Société des Vidanges et Engrais de la Ville de Marseille.

Diplôme de Médaille de vermeil. — MM. Balzer, à Clermont-l'Hérault. — Fages R., à Bordeaux. — Les Fils de L. Farges, à La Trivalle. — Plâtrières de Joncels (Hérault). — M. Robert J., à Magalas.

b) *Plants de Vignes et Graines*

Diplôme de Grand Prix avec félicitations du Jury. — Pépinières Richter, à Montpellier.

Diplôme d'Honneur avec félicitations du Jury. — Pépinières Veuve Gasc, à Pézenas.

Diplôme de Médaille d'or, grand module. — Pépinières Montamat, à Pézenas. — Etablissements Lefort-Hennequin, Hodebourg de Verbois, successeurs, à Angers.

Hors Concours sur leur demande. — Bureau régional d'études sur les engrais, à Montpellier. — Comptoir français de l'azote, à Montpellier. — Délégation française des producteurs de nitrate de soude du Chili, à Avignon. — Guano de Poisson français Jodet-Angibaud, à La Rochelle.

CINQUIÈME JURY

MATÉRIEL DE CAVE

Membres du Jury:

MM. Jammes, président honoraire de la Société Centrale d'Agriculture, à Montpellier. — Touze, ingénieur à la Compagnie des Salins du Midi. — Jeanjean, trésorier de la Société départementale d'Agriculture, à Montpellier. — Nougaret André, à Béziers.

Commissaire. — Cayrol Marcel, propriétaire, à Montpellier.

PRIX DÉCERNÉS

Hors Concours, avec félicitations du Jury. — Société des moteurs Aster, à Marseille. — Coq et Cie, à Aix-en-Provence. — Mabille frères, à Amboise.

Diplôme de Grand Prix. — MM. Léotard et Jaumes, à Béziers. — Pujas et Lecomte, à Nimes.

Diplôme d'honneur avec félicitations du Jury. — MM. Péra, à Florensac. — Regraffe, à Bédarieux.

Diplôme d'honneur. — MM. Manry frères, à Clermont-Ferrand. — Plazol et Jammes, à Montpellier.

Diplôme de Médaille d'or, grand module. — MM. Bascou, à Pézenas. — Béteille (M.A.V.), à Béziers. — Rigal, à Florensac. — Tarbouriech, à Pézenas.

Diplôme de Médaille d'or. — Espeut, à Béziers. — Guy, à Agde. — Hérail, à Béziers. — Nougaret et Arnaud, à Carcassonne. — Etablissements Peyras, à Béziers. — MM. Serrado, à St-Thibéry. — Trocollo, à Marseille.

Diplôme de Médaille de Vermeil. — MM. Abet, à Pézenas. — Castan et Laurens, à Béziers. — Flottes Maurice, à Béziers. — Guérin (Etablissements), à Béziers. — Massal, à Agde.

Diplôme de Médaille d'argent, grand module. — M. Turriès, à Pézenas. — M. Marchand, à Béziers.

Diplôme de Médaille de bronze. — MM. Cazagrande, à Béziers. — Cravère Louis, à Pézenas.

SIXIÈME JURY

INSTRUMENTS DE CULTURE ET DE RÉCOLTE

Membres du Jury:

MM. Sicard, directeur de la Société centrale d'Agriculture de Montpellier. — Cancel, régisseur, à Candillargues. — Lameau, professeur à l'Ecole d'Agriculture de Montpellier. — Gaujal, président du Comice agricole de Béziers. — Giniès, propriétaire à Monredon. — Vitou, président de l'Office agricole, à Baillargues. — Caussel, membre de l'Office agricole, à Clapiers.

Commissaire. — M. J. Coulazou, à Pézenas.

PRIX DÉCERNÉS

Diplôme d'honneur avec félicitations du Jury. — MM. Ernest Aubert, à Montpellier. — Maupin, à Pézenas. — Société *La France*, à Toulouse. — Usine Métallurgique de Saint-Chinian. — M. Altairac, à Pézenas. — Société des Tracteurs Vidal, à Montpellier.

Diplôme d'honneur. — MM. Aubert Auguste, à Saint-Pargoire. — Lautier, à Pézenas. — Tracteur Agro.

Diplôme de Médaille d'or, grand module. — MM. Savail Salvador, à Pézenas. — Soulet, à Cazouls-les-Béziers. — Plazol et Jammes, à Montpellier. — Georges Barthélémy, à La Tour-sur-Orb. — Société industrielle de Matériel de Transport, à Labouhayres (Landes). — MM. Matillot, à Rivesaltes. — Biau Marius, à Vias. — Tracteur Clétrac.

Diplôme de Médaille d'or. — MM. Darenne, à Saint-Ciers-sur-Gironde. — Gros Félix, à Agde. — Hérail, à Béziers. — Dupré, à Mauguio. — Robillard, à Arras.

Diplôme de Médaille de Vermeil. — MM. Albat et Boudou, à Agde. — Sénégas, à Pézenas. — Guiraud, à Pézenas. — Blanc, de Lausanne. — Amat, à Montpellier. — Escudier, à Murviel-les-Béziers. — Calmels, à Pézenas. — Robert, à Alger (Couget, agent, à Olonzac). — Caviale Germain, à Béziers. — Femberg, à Vénicieux (Drôme). — Crouzet, à Pézenas. — Vassal, à Saint-Nazaire (Aude).

Diplôme de Médaille d'argent, grand module. — MM. Sauvagnac, à Villemagne. — Jullian, à Béziers. — Biot, à Arles-sur-Rhône. — Abet, à Pézenas. — Nougaillat, à Cournonterral (Hérault).

Diplôme de Médaille d'argent. — Maxwell, à Toulouse. — Féminier, à Pézenas.

SEPTIÈME JURY

VINS

Membres du Jury:

MM. Arnaud Georges, négociant à Mèze. — Bertrand, Secrétaire du Comice Agricole de Béziers. — Bordaneuve, négociant à Carcassonne. — Bergnes, négociant à Pézenas. — Cauvy, propriétaire, à Vias. — Durand, propriétaire, à Caux. — Garraud, négociant, à Pézenas. — Geniès, à Béziers. — Maurel Edouard, à Pézenas. — Rolland, négociant, à Pézenas.

Commissaires. — MM. Cottat Charles, ingénieur agricole, à Montpellier. — Chapel Fils, à Pézenas.

PRIX DÉCERNÉS

Vins rouges

Diplôme de Grand Prix. — M. Daltou Charles, à Montpellier.

Diplôme d'honneur. — MM. Emile Lardat, à Saint-Pargoire. — Pierre Villemagne, à Pézenas. — Paul Chamayou, à Pézenas. — Jean Goudet, à Marseillan. — Marius Peyrière, à Montagnac. — Louis Bène, à Pézenas. — Vve Joseph Alazard, à Tourbes. — Marcel Amade, à Ouveilhan. — François Cazagne, à Bélarga. — Pierre Vedel, à Pézenas. — Alexandre Lecat, à Pézenas. — Pierre Colombier, à Montpellier. — Joseph Delbez, à Pézenas. — Emile Tieure, à Pézenas.

Diplôme de Médaille d'or. — MM. Hot Louis, à Nizas. — Julien Augé, au Pradal. — T. Figarol, à Azillanet. — Emile Durand, à Caux. — Ludovic Gaujal, à Pinet. — Ernest Lugagne, à Magalas. — Fernand Guiraud, à Pouzols. — Chauvet et Bouchard d'Esquieu, à Marseillan. — Mme Rocous de Cabuzac, à Vias. — Denis Leignadier, à Saint-Pargoire. — Georges Couzy, à Lézignan-la-Cèbe. — Joseph Crébassol, à Nizas. — Pierre Jalby, à Castelnau-de-Guers. — Emile Rieux, à Marseillan. — Alphonse Castan, à Valros. — Paul Bacou, à Peyrat. — Yvan le Bars, à Servian. — A. Soler, à Olonzac. — Marcel Amade, à Ouveilhan. — J.-S. Villeneuve, domaine de la Chevalière, à Béziers. — Auguste Paoulet, à Pézenas. — Marius Valat, à St-Geniez-des-Mourgues. — Jean Fraissinet, à Pézenas. — Etienne Giniès, à Castelnau-de-Guers. — Etienne Delmas, à Pézenas. — Etienne Balsan, à Pézenas. — Guiraud, professeur à l'Ecole de Commerce de Cette. — Colonie Industrielle et Agricole d'Aniane.

Diplôme de Médaille d'argent. — MM. Th. Ribeyrolles-Galant, à Saint-Sériès. — Paul Gravens, à Pignan. — Jean Roucaute, à Montpellier. — Pierre Vidal, à Cébazan. — Louis Péret, à Puissalicon.

Vins rouges de Producteurs Directs

Diplôme de Médaille d'argent. — M. Paul Bacou, à Tourbes, château de Peyrat.

Vins des Côtes du Rhône

Tavel, de Châteauneuf-du-Pape.
Diplôme d'honneur avec félicitations du Jury. — M. J. Nougarède-Bermond, à Nimes.

Vins Rosés

Diplôme de Grand Prix. — M. Germain Rasigade, à Caux.

Diplôme d'honneur avec félicitations du Jury. — M. Auguste Paoulet, à Pézenas.

Diplômes d'honneur. — MM. Louis Huc, à Pézenas. — Louis Bouty, à Nézignan-l'Evêque. — Louis Marmoyer, à Caux.

Diplômes de Médaille d'or. — MM. Emile Durand, à Caux. — Ludovic Gaujal, à Pinet. — Emile Lardat, à St-Pargoire. — Jean Villeneuve, à Béziers.

Diplômes de Médaille de vermeil. — MM. Louis Hot, à Nizas. — Ernest Lugagne, à Magalas. — Henri Roques, à Pézenas. — Bazile Christol, à Castelnau-de-Guers. — Jean Hortala, à Pézenas. — Félix Combescure, à Caux. — Cyprien Soulié, à Nébian. — Pierre Mialet, à Pomérols.

Diplôme de Médaille d'argent. — MM. Auguste Pech, à Béziers. — Emile Rieux, à Marseillan. — Alphonse Castan, à Valros. — Paul Bacou, à Tourbes. — Marcel Amade, à Ouveillan. — Jean Villeneuve, à Béziers. — Paul Cèbe, à Caux. — Théophile Castan, à Pinet. — Edmond Fangeaud, à Pézenas. — Henri Donnadieu, à Lieuran-Cabrières. — Mlle Laurent, à Pézenas. — Julien Cabanes, à Aumes.

Diplômes de Médaille de bronze. — MM. Adrien Dupuy, à St-Nazaire, par Bagnols (Gard). — Victor Bonniol, à Castelnau-de-Guers. — Paul Bacou, à Peyrat. — Joseph Blanc, à Vias. — Marius Valat, à Saint-Geniès-des-Mourgues. — Albaret, domaine de La Fadaise, à Marseillan. — Lucien Reynes, à Lieuran-Cabrières. — E. Giniès, à Castelnau-de-Guers.

Vins Blancs

Diplôme de Grand Prix. — M. J. Villeneuve, à Béziers.

Diplôme d'honneur avec félicitations du Jury. — M. Achille Gauch, vétérinaire, à Caux.

Diplômes d'honneur. — Mme de Rocous de Cahuzac, à Vias. — MM. André Guiraudou, à Nizas. — A.-P. Alliès à Pézenas. — Aimé Bernard, à Pinet.

Diplôme de Médaille d'or. — MM. Joseph Constant, à Adissan. — Guilbem Leques, à Caux. — Pierre Montagnol, à Pézenas. — Pierre Miallet, à Pomérols. — Pierre Majaury, à Marseillan. — Imbert, domaine de la Coulette, à Montagnac. — André Guiraudou, à Nizas. — Etienne Giniès, à Castelnau-de-Guers.

Diplôme de Médaille de vermeil. — MM. Louis Bouty, à Nézignan-l'Evêque. — Ludovic Gaujal, à Pinet. — Marius Jullian, à Paulhan. — J. Crebassol, à Nizas. — Pierre Vidal, à Pézenas. — Joseph Martin, à St-Pons-de-Mauchiens. — Coopérative des Vins blancs de Pinet. — MM. André Guiraudou, à Nizas. — Pierre Mialet, à Pomérols. — Emile Durand, à Caux. — Julien Cabannes, à Aumes. — Paul Bacou, à Peyrat. — Jean Molinier, à Pinet. — Georges Couzy, à Lézignan-la-Cèbe.

Diplôme de Médaille d'argent. — Fernand Guirou, à Pouzols. — Louis Bènes, à Pézenas. — Yvon le Bars, à Servian. — Pierre Villemagne, à Pézenas. — Mme de Rocous de Cahuzac, à Vias. — MM. Paul Bacou, Château de Peyrat. — Pierre Vidal, à Pézenas. — Albaret, à Marseillan. — Jean Molinier, à Pinet. — Michel Léonce, à Castelnau-de-Guers. — Pierre Jalby, à Castelnau-de-Guers. — A. Lecat, Château de Roquelune. — Etienne Ricard, à Puissalicon.

Diplôme de Médaille de bronze. — MM. Louis Hot, à Nizas. — Jean Goudet, à Marseillan. — Pierre Colombier, à Montpellier. — Joseph Delbez, à Pézenas. — Théophile Castan, à Pinet. — Dominique Castan, à Pinet. — Henri Donnadieu, à Lieuran-Cabrières. — Mlle Laurent, à Pézenas. — MM. Lucien Reynes, à Lieuran-Cabrières. — Colonie Industrielle et Agricole d'Aniane. — MM. Georges Rieu, à Aspiran. — Comtesse de Molinier d'Abbes, à Perpignan. — Emille Rieu-Goudet, à Marseillan. — Julien Cabannes, à Aumes. — Chauvet et Bouchard d'Esquieu, à Marseillan. — Emile Lardat, à Saint-Pargoire.

Vins de Liqueur et Mousseux

Diplôme de Grand Prix. — M. Yvon le Bars, à Servian.

Diplôme d'honneur avec félicitations du Jury. — MM. Emile Lardat, à Saint-Pargoire. — Louis Bènes, à Pézenas. — Comtesse de Molinier d'Abbes, à Perpignan. — MM. Yvon le Bars, à Servian. — Ludovic Gaujal, à Pinet.

Diplôme d'honneur. — MM. Chauvet et Bouchard d'Esquieu, à Marseillan. — Emile Lardat, à Saint-Pargoire. — Comtesse de Molinier d'Abbes, à Perpignan.

Diplôme de Médaille d'or. — MM. Martin Joseph, à Saint-Pons-de-Mauchiens. — Georges Couzy, à Lézignan-la-Cèbe. — J. Crébassol, à Nizas. — Edmond Fanjaud, à Pézenas. — Martin François, à Saint-Thibéry.

Diplôme de Médaille de vermeil. — MM. Emile Durand, à Caux. — Pierre Delmas, à Pézenas. — Julien Cabanes, à Aumes.

Diplôme de Médaille d'argent. — Julien Cabannes, à Aumes. — Courgoul-Bellugou, à Saint-Pargoire. — Yvon le Bars, à Servian. — Jean Molinier, à Pinet. — Pierre Villemagne, à Pézenas. — Louis Bouty, à Nézignan-l'Evêque. — Paul Bacou, à Peyrat. — Joseph Martin, à Saint-Pons-de-Mauchiens.

Diplôme de Médaille de bronze. — M. Louis Bouty, à Nézignan-l'Evêque.

Alcools

Diplôme de Grand Prix. — M. François Martin, domaine de Mont-d'Hortes, à Saint-Thibéry.

Diplôme d'honneur, avec félicitations du Jury. — M. Louis Huc, à Pézenas.

Diplôme d'honneur. — Coopérative de Distillation de Pézenas.

EXPOSITION ET CONCOURS D'ANIMAUX DE LA BASSE-COUR

Premier Concours

AVICULTURE

Membres du Jury:

MM. Jules Biquet, éleveur-amateur, chemin des Aubes, Montpellier. — A. Bédos, propriétaire, à Montpellier. — H. Lafenêtre, vétérinaire départemental, Montpellier. — H. Cottier, professeur de zootechnie à l'Ecole Nationale d'Agriculture de Montpellier. — A. Gauch, vétérinaire à Caux. — Edmond Roque, vétérinaire, à Pézenas.

Commissaire. — M. Hamelin, secrétaire général de la Société d'Horticulture, à Montpellier.

a) Poules

Grand Prix d'Honneur. — M. Charles Santarelli, élevage Bellevue, à Montpellier.

Diplôme d'honneur. — Mlle Marie Laurent, à Pézenas. — M. Villeneuve Jean, à Béziers. — Mlle de Barral d'Arène, à Pézenas. — M. Féminier, à Pézenas (prix spécial: matériel et exposition permanente).

Diplôme de Médaille d'or. — M. Santarelli, à Montpellier (Leuhornes blancs et bresses noires).

Diplôme de Médaille de Vermeil. — Mlle de Barral d'Arène, de Pézenas (bresse noire). — Mlle Lecat Madeleine, Château de Roquelune, près de Pézenas (Wyandottes blanches).

Diplôme de Médaille de vermeil. — M. Jean Villeneuve, à Béziers (Padoues dorées).

Diplôme de Médaille d'argent grand module. — M. Jean Villeneuve, à Béziers (nègres soie). — Mlle de Barral d'Arène, à Pézenas (Orpington fauve). — Mlle Laurent Marie, à Pézenas (Wyndottes blanches).

Diplôme de Médaille d'argent. — MM. Stirbo Jean, à Lauriol (Vaucluse) (Rhode Island). — Féminier, à Pézenas (Caussades). — Mme Cazals, à Adissan (Faverolles).

Diplôme de Médaille de bronze. — M. Jean Villeneuve, à Béziers (Orpington fauve). — Mlle Marie Laurent, à Pézenas (Orpington blanc). — Mme Cazals, à Adissan (Houdan). — M. Jean Villeneuve, à Béziers (Rhode Island).

Mentions honorables. — MM. Stirbo Jean, à Loriol Vaucluse (Poules naines). — Joseph Bénézech, à Béziers (poules naines). — Jean Villeneuve, à Béziers (Hambourg).

b) *Pintades, Dindons, Paons*

Diplôme de Médaille de bronze. — Mlle Marie Laurent, à Pézenas (Pintades blanches).

Mention honorable. — M. Stirbo Jean, à Lauriol (Vaucluse) (Paons panachés).

c) *Pigeons*

Diplôme de Médaille d'or. — M. Henry Guy, de Lignan (Capucins pie marron).

Diplôme de Médaille de vermeil. — M. Jean Villeneuve, à Béziers (Capucins blancs, croisés blancs, paons blancs, pigeons mondains, pigeons de Montauban).

Diplôme de Médaille d'argent. — MM. Jean Villeneuve, à Béziers (pigeons romains). — Féminier, à Pézenas (pigeons mondains). — Capdegelle, à Pézenas (pigeons mondains).

d) *Oies, Canards*

Diplôme de Médaille d'or. — Mlle de Barral d'Arène, de Pézenas (Canards de Barbarie). — M. Armand Stanislas, à Neffiès (Oies de Guinée).

Diplôme de Médaille de vermeil. — M. Santarelli, de Montpellier (Coureurs indiens blancs).

Diplôme de Médaille d'argent, grand module. — Mme Cazals d'Adissan (Canards de Barbarie).

Diplôme de Médaille d'argent. — M. Féminier, de Pézenas (Canards de Barbarie).

Deuxième Concours

LAPINS ET COBAYES

Diplôme de Médaille d'argent. — M. Jean Villeneuve, à Béziers (Angoras blancs). — Mlle de Barral d'Arènes, de Pézenas (Chinchillas). — Mlle Lecat Madeleine, Château de Roquelune, près de Pézenas (un lapin russe). — Mlle Lecat Madeleine, Château de Roquelaure, près de Pézenas (cobayes à rosaces).

Mentions honorables. — M. Joseph Bénézech, à Béziers (Angoras blancs). — Mlle Farenc Lucienne, domaine de Bellevue, à Pézenas (cobayes tricolores).

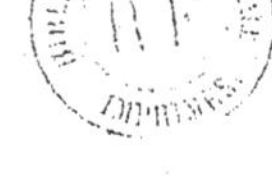

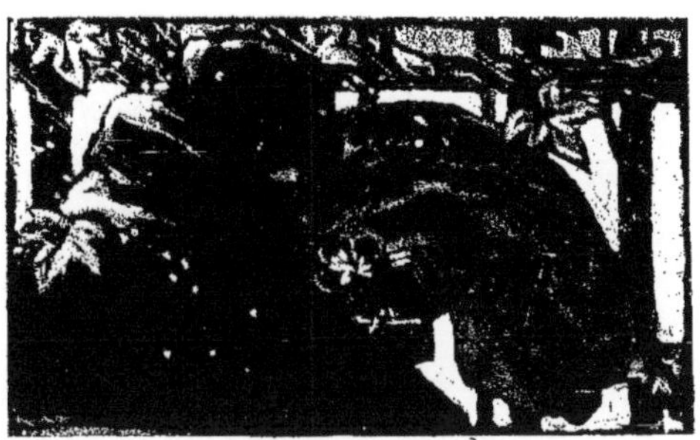

Emile BEAUME. — *L'Hiver*
(La Vieillesse. Le Passé)

TABLE DES MATIÈRES

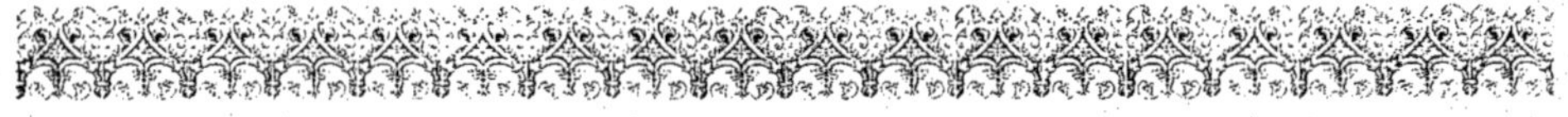

TABLE DES ILLUSTRATIONS

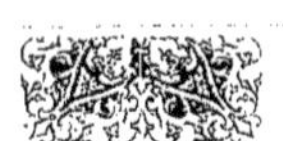

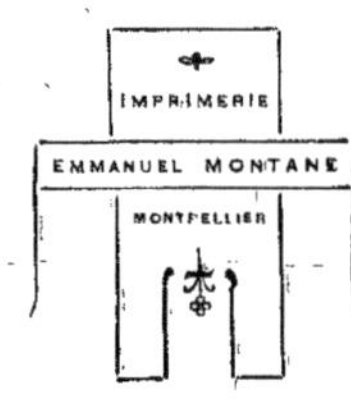

IMPRIMERIE
EMMANUEL MONTANE
MONTPELLIER

www.ingramcontent.com/pod-product-compliance
Ingram Content Group UK Ltd.
Pitfield, Milton Keynes, MK11 3LW, UK
UKHW020030100726
13658UKWH00003B/1229